日本文化
ビジュアル解体新書

山本 素子

SBビジュアル新書

はじめに

　日本のお正月について知りたい——外国の人に聞かれたとき、どう説明すればいいでしょう。門松に鏡もち、お屠蘇にお雑煮、おせち料理？　各地で風習もそれぞれ異なりますし、そもそも、お正月とは、どんな行事？　体験したことのない人に説明するのは、なかなかむずかしいということに気づきます。

　外国人に日本語を教えるようになって、さまざまな質問を受けるなか、日本文化を伝えるには言葉だけでなく、ビジュアルの力も借りたほうがわかってもらいやすいと感じるようになりました。これは自国の文化を知らない日本人にとっても同じではないかと思ったのが、本書を作ることになったきっかけです。

　今は、インターネットで検索すれば、即座にいろいろな情報が手に入ります。ただ、基礎的な知識がないと、その中から自分に必要な情報を選び出せないかもしれません。逆に、大まかなことだけでもわかっていれば、さらに深く知ることができるでしょう。この本が、その手がかりになればと思います。

　年中行事から芸能や工芸、さらには武道まで、日本文化には多種多様な面があります。できるだけ多くの項目を紹介したいと欲張ったため、内容は相当、割愛せざるを得なくなりました。物足りないと思われたら、インターネットはもちろん、専門書を読むことをお勧めします。

　この本では、「すぐにわかる」ことを重視し、1つの項目は4ページ程度にしています。順番に見ていく必要はありません。興味のある項目からのぞいてみてください。

目次 Contents

はじめに ……………………………………………………… 3

第1章　芸能

歌舞伎 ……………………………………………………… 10
能・狂言 …………………………………………………… 16
文楽 ………………………………………………………… 24
雅楽 ………………………………………………………… 30
落語 ………………………………………………………… 34

第2章　工芸

陶芸 ………………………………………………………… 40
漆芸 ………………………………………………………… 44
染織 ………………………………………………………… 48
竹工芸 ……………………………………………………… 52
和紙 ………………………………………………………… 56

第3章　稽古事

- 茶道 ……………………………………………… 62
- いけばな ………………………………………… 68
- 香道 ……………………………………………… 72
- 邦楽 ……………………………………………… 76
- 囲碁・将棋 ……………………………………… 80

第4章　芸術

- 日本絵画 ………………………………………… 86
- 浮世絵 …………………………………………… 90
- 仏像 ……………………………………………… 96
- 日本庭園 ………………………………………… 102
- 書 ………………………………………………… 106

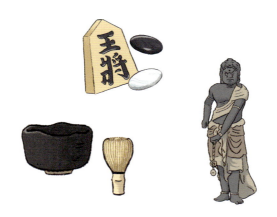

第5章　年中行事

正月 112
節分 116
ひな祭り 120
お花見 124
端午の節句 128
七夕 132
お盆（盂蘭盆会） 136
お月見 140
七五三 144

第6章　武道

相撲 150
柔道 154
空手 158
剣道 162
合気道 166
弓道 170

第7章 住まいと道具

伝統的な日本家屋　3つの特徴 ……………………… 176
住空間の優れた知恵　畳・ふすま・障子 …………… 180
風呂敷 ……………………………………………………… 182
手ぬぐい …………………………………………………… 183
扇子 ………………………………………………………… 184
こたつ ……………………………………………………… 185
座布団 ……………………………………………………… 186
提灯 ………………………………………………………… 187

章末コラム

すし ………………………………………………………… 38
折り紙 ……………………………………………………… 60
盆栽 ………………………………………………………… 84
着物 ………………………………………………………… 110
花火 ………………………………………………………… 148
お神輿 ……………………………………………………… 174

| おわりに | 188 |
| 参考文献 | 189 |

> 用語に複数の表記がある場合は、一般的なものに統一しました。
> また、本書で紹介している情報は2019年6月時点のものです。

第1章 芸能

江戸の様式美を追求したエンターテインメント
歌舞伎(かぶき)

　歌舞伎の最大の特徴は、すべての役を男性が演じるということ。「風紀を乱す」という理由で女性が舞台に立つことが許されなかったからです。武家社会で起きた事件の舞台化が禁じられると、時代設定を変えて昔話にしてしまうなど、歌舞伎はさまざまな工夫によって幕府の禁圧を乗り越えてきました。

　演目は、時代物と世話物、所作事(しょさごと)の３種類。時代物は江戸時代以前の歴史的事件を題材にしたものと、昔の話として脚色したものに分けられます。世話物は同時代に起きた市井の事件を題材にしたもので、所作事は舞踊のこと。

　役者の顔の色を見ただけで、善人と悪人が見分けられるのも、歌舞伎の特徴。舞台装置や演出法などにも観客を楽しませる趣向が凝らされています。能や文楽からきた演目も多く、歌舞伎は江戸時代から続く総合エンターテインメントなのです。

歴 史

第1章 芸能

安土桃山

この時代、奇抜で常識にとらわれない服装や行動を好んだ者を「傾奇者（かぶきもの）」と呼んだ。→「歌舞伎」の語源

慶長年間（1596〜1615）に出雲阿国（いずものおくに）という女性が京で「かぶき踊り」を始める。→「歌舞伎」のルーツ

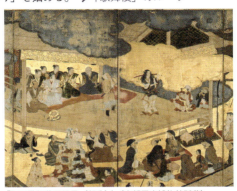

「阿国歌舞伎図屏風（部分）」（京都国立博物館所蔵）

江戸

幕府は風紀を乱すとして、女性が舞台にあがることを禁止。その後、若い男性が演じる「若衆歌舞伎」が登場するも、やはり禁止される。

女性の役を男性の「女形（おんながた）」が演じる野郎歌舞伎（やろうかぶき）が始まる。これにより、演技や演出に磨きがかかる。

元禄

- **江戸** 初代市川團十郎が活躍。豪快で力強い芸「荒事（あらごと）」を得意とした。
- **上方** 男女の色恋を情感豊かに描く「和事（わごと）」を得意とする、初代坂田藤十郎が活躍。上方では、同時期に「女形」の芸も発展。

文化文政期には鶴屋南北（四代目）が、幕末期には河竹黙阿弥（かわたけもくあみ）がそれぞれ作家として活躍した。

役柄と表現

立役(たちやく)

男性の役のこと。また、男性役を演じる役者を指すことも。元々は、舞台で座っている演奏者(地方)に対して、立って演じる役者全体を指す言葉だった。

女形(おんながた)

助六 『助六由縁江戸桜』より

時姫 『鎌倉三代記』より

女性の役のことで、女性役を演じる役者のことも指す。幕府によって女歌舞伎が禁じられ、男性が女性の役を演じるようになって誕生した。「女方」と書くことも。

コラム　歌舞伎のキャラと色

　歌舞伎は江戸時代の「大衆」演劇。そのため、「隈取(くまどり)」という独特の化粧法により、誰もがひと目で役のキャラクターがわかるように工夫されています。白塗りの人は善人、※砥粉(とのこ)で肌色にした人は普通の人、顔から体全体まで赤く塗った「赤っ面(あかつら)」は単純な悪人という具合。同じ白塗りでも赤い隈取だと元気な若者、青い隈取だと大悪人と、隈取の色によっても意味が異なります。

※黄土を焼いて作った粉。漆器の下塗りや刀剣類を磨く際に使われる。

見得(みえ)

感情が最高に高まったところで行うストップモーション。「見得を切る」といい、極端な表情とポーズで静止する。写真は「元禄見得」。

「暫」鎌倉権五郎：十一代目市川海老蔵
（写真提供／松竹）

「勧進帳」武蔵坊弁慶：十一代目
市川海老蔵（写真提供／松竹）

六方(ろっぽう)

大きく手を振り、力強く足を踏みしめながら歩く演技。右手と右足を同時に出すナンバ歩きをする。「狐六方」や「傾城六方」などいくつか種類があるが、写真の「飛び六方」が最も有名。

時平の隈(しへいのくま)

位の高い大悪人の隈取・公家荒。白塗りに青い隈で悪のすごみを表現する。

筋隈(すじぐま)

白塗りに紅隈は若い正義漢を表す。何本も紅で筋を入れることで勇壮さを強調。

土蜘蛛の隈(つちぐものくま)

茶や藍色で隈を取ると、人間以外の妖怪や鬼女を表す。

舞台のしくみとしかけ

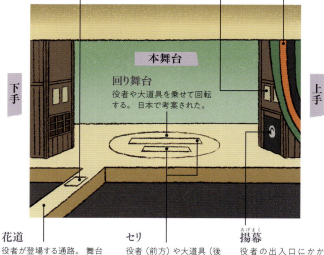

スッポン
花道に設けたセリ。役者を乗せて上下に昇降する。

チョボ床
太夫と三味線弾きが義太夫節（竹本）を語る小部屋。

定式幕（じょうしきまく）
歌舞伎の舞台だけで使う3色の縦じまの引き幕。

本舞台

回り舞台
役者や大道具を乗せて回転する。日本で考案された。

下手

上手

花道
役者が登場する通路。舞台の一部としても使われる。

セリ
役者（前方）や大道具（後方）を乗せて上下に昇降する舞台機構。

揚幕（あげまく）
役者の出入口にかかる幕。花道の奥にもある。

歌舞伎は、観客を楽しませるしかけを数多く生み出しました。なかでも回り舞台は、場面の転換だけでなく、別の場所を同時に見せることもできるしかけ。18世紀前半に日本で考案され、現在、世界中の劇場で取り入れられています。

ダイナミックな場面転換が行われる回り舞台。

歌舞伎のBGMと効果音は舞台下手の黒御簾（みす）の中で演奏され、下座音楽（げざおんがく）と呼ばれます。とくに「鳴物」（なりもの）と呼ばれる擬音効果は、太鼓や鼓などの楽器や道具を使って、風や波、雨や雪などさまざまな音を表現するものです。

代表的な演目

仮名手本忠臣蔵
かなでほんちゅうしんぐら

元禄15（1702）年の赤穂浪士の討ち入りを題材にした作品。上演すれば必ず当たることから「独参湯（どくじんとう：よく効く薬）」と呼ばれ、観客が減ると上演する演目に。

義経千本桜
よしつねせんぼんざくら

源平合戦の功労者でありながら兄の頼朝と不仲になり、都落ちする義経の物語を軸に、滅びゆく平家の武将たちの姿を描いた作品。

（写真提供／松竹）

（写真提供／松竹）

菅原伝授手習鑑
すがわらでんじゅてならいかがみ

平安時代、太宰府に流された菅原道真の伝説を題材に、心ならずも敵味方に分かれることになった3つ子の兄弟・梅王丸、松王丸、桜丸の悲劇が描かれる。

（写真提供／松竹）

幽遠と滑稽――性格の異なる兄弟の味わい
能・狂言（のう・きょうげん）

　能は、仮面をつけて演じる歌舞劇。謡と囃子を伴奏に、幻想的なストーリーで幽遠の世界を描き出します。

　狂言は、大げさなしぐさで演じる滑稽なせりふ劇。現代にも通じる庶民の姿を映し出します。

　能と狂言のルーツは、奈良時代に大陸から伝わった散楽。散楽から猿楽へと発展すると、寺社などで演じられるようになります。観阿弥・世阿弥父子が室町時代に歌舞劇として「能」を大成すると、猿楽的な滑稽味部分が「狂言」となり、交互に演じるスタイルができあがりました。

　能と狂言は、今も同じ舞台で交互に演じられます。ユネスコの無形文化遺産として登録された「能楽」は、能と狂言の総称。両者があいまって、深い興趣を生み出しているのです。

歴史

奈良
能のルーツは奈良時代に大陸から伝えられた「散楽」という芸能。散楽は軽業・物真似・奇術の3要素が含まれた、多種多様な芸だった。

平安
散楽は寺社の祭礼で演じられるようになり、「猿楽」と呼ばれるようになった。猿楽はやがて大道芸的なものになっていく。一方、田植えの際に豊作を願って演じられた「田楽」という芸能が行われたのもこの時期で、猿楽とともに発展。双方で歌舞劇としての「能」が演じられた。

鎌倉
猿楽の同業者組合(座)が作られる。猿楽の中の舞や謡の部分と、物真似芸が二分化していく。

室町
大和猿楽・結崎座の観阿弥と、その息子世阿弥が猿楽を新しい芸能として大成。猿楽に中世の舞曲を取り入れ、能の芸術性を高めた。能の演目の間に狂言をはさむ形式も、この頃に成立。やがて、三代将軍・足利義満の庇護のもとで大いに発展するが、応仁の乱で京の町は荒廃。幕府や寺社などの後援者を失う。

安土桃山
一時的に勢いを失っていた能・狂言が、武士の間に広まる。戦国武将の中にも愛好家が多く、織田信長、豊臣秀吉も大いに好んだ。とくに秀吉は無類の能・狂言好きとして知られ、自身が演じることも多かった。

江戸
徳川幕府も熱心に能を後援し、能役者は幕府や各藩に仕えた。当時はあくまでも武家階級の芸能であり、庶民が自由に観られるものではなかった。ただ、謡だけは庶民にも許され、高尚な稽古事として人気を集めた。

明治
維新によって、能役者が幕府の保護から離れると、衰退。しかし、政府の有力者や財界人らが新たな庇護者となった。明治14(1881)年、東京・芝に能楽堂が建設されると、定期興行が行われるようになる。

第1章 芸能

舞台

能舞台（写真提供／国立能楽堂）

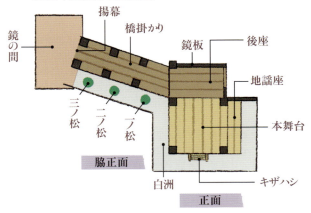

屋根があることと、舞台と観客席との間に幕がないことが特徴。演者は橋掛かりを通って本舞台に現れます。後座（あとざ）には楽器演奏担当の囃子方（はやしかた）、地謡座（じうたいざ）には謡担当の地謡が座ります。

上演形式

江戸時代は、5ジャンルの能を順番に舞い、間に狂言が演じられました。現在も、能と狂言を交互に上演するのが決まりです。

所作

能と狂言には特殊な演技の様式があります。

カマエ

基本姿勢。まっすぐ立って、体をやや前に傾ける。腰を下げて、少しひざを曲げ、あごを引いて、両腕は円を描くように開く。役柄によって、腰の下げ方や腕の開き方が少しずつ異なる。

ハコビ

基本動作。かかとを上げず、足の裏全体で床を摺るようにしながら、1歩1歩、移動する（摺足）。腰の位置を一定に保ち、片足ずつ動かすのが決まり。

演技の型（狂言）

普通に泣くときは、立ったまま片手を目の前に持ってくるが、大泣きの場合は座って両手を顔に近づけ、「エヘ、エヘ、エヘ」と泣き声を上げる。感情表現もすべて型で決まっていて、大げさに表現する。

面と装束（能）

女面（小面）

怨霊面（般若）

面

鬼神面（大飛出）

翁面

装束

紅白段花筏模様唐織（国立能楽堂所蔵）

「面」は大きく分けて翁、男、女、尉、鬼神、怨霊などに分類でき、種類は全200種以上。一見、無表情に見えますが、やや仰向けにすれば明るい表情（テル）に、やや伏せれば悲しみや決意など（クモル）、さまざまな感情を表現できます。豪華絢爛な能装束はもちろん、「扇」も能には欠かせない道具です。

演者（能）

能の登場人物は、シテ（主役）とワキ（シテの相手役）、ツレ（シテ、ワキの脇役）。舞台の上には囃子方と地謡も座ります。それぞれ、厳密な分業制で、複数の流派が世襲で受け継いでいます。

シテ方	シテ（主役）、シテツレ（シテの脇役）、地謡（歌とセリフ担当）、後見（補佐役）など。観世・宝生・金春・金剛・喜多の5流がある。
ワキ方	ワキ（シテの相手役）、ワキツレ（ワキの脇役）など。最初に登場して説明することが多く、面はつけない。高安・福王・（下掛）宝生の3流。
囃子方	器楽演奏を担当する演者。笛・小鼓・大鼓・太鼓の4種類あるが、それぞれ流派があり、分業制である。
狂言方	狂言を演じる狂言師のこと。能の演目で、前半と後半の間をつなぐ「間狂言」を演じる際の呼び方。大蔵流と和泉流の2流がある。

代表的な演目（能）

俗に「神・男・女・狂・鬼」と呼ばれる5ジャンルに分けられます。この順に上演する決まりで、現在は5つすべてを上演することはほとんどありませんが、順番は変わりません。

第1章 芸能

井筒

紀有常の娘と在原業平の、幼い頃から成長して夫婦になるまでの愛の物語をテーマにしたもの。『伊勢物語』をもとに世阿弥が脚色して作り上げた。
シテ：二世梅若玄祥（写真提供／国立能楽堂）

高砂

高砂の浦で出会った老夫婦が「相生の松」の由来と夫婦が仲良く長生きできるめでたさを語り、その後、住吉明神が現れてさっそうと舞う。世阿弥作。
シテ：鵜沢久（写真提供／国立能楽堂）

面と装束（狂言）

面

武悪（ぶあく）　　乙（おと）

狂言は素顔で演じるのが基本ですが、神や鬼、動物など、面をつけて演じるものも。「乙」はあまり美人でない女性の面。

装束

ビナン

縹地源氏車青海波模様 素襖上下（国立能楽堂所蔵）

大名は素襖、主人は段熨斗目（ボーダー）で家来の太郎冠者は縞熨斗目（チェック）など、身分や役柄によって決まっています。足袋は黄色地に薄茶色の細かいしま模様が入った狂言足袋。女の役は、長さ5m、幅30cmの「ビナン」という白い布で頭を包み、顔の左右に垂らして両手で握ります。

演者（狂言）

狂言の登場人物は、主役である「シテ」と、シテの相手役「アド」に分けられます。狂言は能のような分業制ではなく、1人の狂言師がシテもアドもこなします。

代表的な演目（狂言）

神が主人公のめでたい狂言は、同じく神が主人公の能とともに演じられます。大名、太郎冠者、婿や山伏などキャラクターはさまざまですが、情けない話や失敗談などが多いのが特徴です。

柿山伏（かきやまぶし）

柿を盗み食いしていた山伏が、柿の木の持ち主に見つかり、カラスや猿の鳴き真似をさせられる話。葛桶（かずらおけ）の上に乗って木に登ったことを表すところが狂言らしい演出。シテ：野村万禄（写真提供／国立能楽堂）

寝音曲（ねおんぎょく）

主人から謡を所望された太郎冠者。酒を飲んでひざ枕をしてくれなければ声が出ないとゴネるが、起こされたりひざ枕をされたりするうちに取り違え、起こすと歌うように。声の出し方の変化が妙味。シテ：善竹十郎　アド：大藏吉次郎（写真提供／能楽協会）

太夫と三味線、人形遣いの三位一体芸
文楽（ぶんらく）

　文楽は、三味線の伴奏で太夫がセリフやナレーションを語り、人形遣いが人形を操って物語を演じてみせる、世界でも珍しい人形劇です。1600年頃、三味線音楽、「浄瑠璃」という語り物の芸能、そして人形を操る芸の3つが融合する形で「人形浄瑠璃」が誕生しました。

　江戸時代前期には、劇作家・近松門左衛門（ちかまつもんざえもん）と浄瑠璃語りの竹本義太夫（たけもとぎだゆう）のコンビが一世を風靡します。以後、「浄瑠璃」といえば義太夫節を指すほどになりました。

　人形遣いが1人から3人体制になると、リアルな動きが人気を呼び、歌舞伎を凌（しの）ぐほどに。名作が次々に生まれ、歌舞伎の側が演目を取り入れるようになったほどです。

　古典芸能では珍しく、世襲制ではないのも文楽の特徴の1つ。太夫と三味線、人形遣いの三業が、それぞれ長い修業の末に得た実力だけが評価される世界なのです。

歴 史

鎌倉〜室町

歌などに合わせて人形を操る芸で各地を回っていた芸人集団・傀儡師。宮中で芸を披露することもあった。

傀儡師が猫の人形で子どもたちを喜ばせている。「西宮傀儡師（部分）」（『摂津名所図会』より　国立国会図書館所蔵）

一方、琵琶法師たちが、「浄瑠璃姫」の物語を語り、人気に。

この頃伝わった三味線を琵琶法師が改良。伴奏楽器として用いるようになる。この語りに人形が加わって、人形浄瑠璃に。

人形 ＋ **語り** ＋ **三味線**

江戸

人形浄瑠璃が大流行。上方よりも江戸のほうが人気だったが、明暦の大火（1657年）により、中心が京・大坂に移る。

貞享元（1684）年、五郎兵衛という若者が"竹本義太夫"の名で大坂・道頓堀に竹本座を開く。

人形浄瑠璃の語りを確立した竹本義太夫　＋　傑作を多数生み出した天才戯作家・近松門左衛門　→　人形浄瑠璃の黄金期

幕末から明治にかけて、三世植村文楽軒の「文楽座」が人気を博し、以後「文楽」が人形浄瑠璃の通称となる。

江戸元禄期の職業・職人図鑑「浄るり太夫（部分）」（『人倫訓蒙図彙』より　国立国会図書館所蔵）

文楽の3要素

文楽は浄瑠璃を語る太夫と、その伴奏をする三味線弾き、浄瑠璃に合わせて人形を操る人形遣いの三位一体で演じられる総合芸術。三業がせめぎ合って舞台が作り上げられます。

人形遣い（にんぎょうつかい）

主遣い（おもづかい）
三人遣いのリーダー役。左手で人形の首、右手で人形の右手を扱う。背の高い下駄を履いている。

足遣い（あしづかい）
両手を使って人形が歩いたり、座っているように見せたりする。足踏みして音を鳴らす役も担当。

左遣い（ひだりづかい）
人形の左手を操作する。扇子や刀など、人形が持つさまざまな小道具を出し入れする役目も。

人形の首（一部）

源太

陀羅助

文七

太夫 (たゆう)

義太夫節によって、登場人物全員のセリフから場面の状況、物語の背景まですべてを語る。見台の上には手書きの床本（ゆかほん）。尻の下に小さい台を入れて爪先立ちで座ることで、劇場の隅々まで届く声を出す。

三味線 (しゃみせん)

単なる伴奏にとどまらず、音色や拍子によって場面転換や感情なども表現、太夫の語りと一体となって義太夫節を作り上げる。文楽で用いる太棹三味線は、細棹や中棹に比べて胴や撥も大きくて重く、太い糸で重厚な低音を響かせる。演目によっては、箏や胡弓なども演奏する。

娘

八汐

婆

第1章 芸能

舞台のしくみ

御簾内（下手）
太鼓や鐘など、鳴り物を演奏するための場所。

小幕（下手）
人形が出入りする幕。竹本座と豊竹座の紋を白抜きで染め抜いてある。

一の手摺　　二の手摺

文楽の舞台は、正面から見て右側に、客席に張り出した床があるのが特徴。幕が上がるとクルリと回転して太夫と三味線が登場します。人形の出入りは左右の小幕から。掘り下げた床（船底）の上で人形遣いが人形を操ります（下図参照）。なお、国立文楽劇場（大阪府）には、回り舞台やセリが設けられ、花道も設置できるようになっています。

横から満た図

舞台の一番手前にある一の手摺は客席と舞台の境を示す目印。すぐ後ろに二の手摺があり、人形の足がちょうど手摺の上に来るよう、この部分の床は掘り下げてあります。その後ろの床は一段高いので、屋内の畳や床の上にいるように見えるわけです。

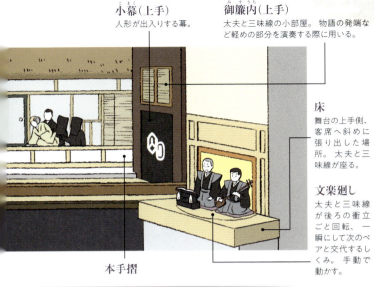

小幕(上手) 人形が出入りする幕。

御簾内(上手) 太夫と三味線の小部屋。物語の発端など軽めの部分を演奏する際に用いる。

床 舞台の上手側、客席へ斜めに張り出した場所。太夫と三味線が座る。

文楽廻し 太夫と三味線が後ろの衝立ごと回転、一瞬にして次のペアと交代するしくみ。手動で動かす。

本手摺

代表的な演目

曽根崎心中（そねざきしんじゅう）	天満屋の遊女・お初と醤油屋の手代・徳兵衛が曽根崎天神ノ森で心中した事件を、1カ月後に近松門左衛門が脚色。竹本座の経営が立ち直るほどの大当たりとなった。
妹背山婦女庭訓（いもせやまおんなていきん）	藤原鎌足の蘇我入鹿討伐の物語を軸に、さまざまなストーリーが絡み合う壮大な王朝物語。対立する家の娘と息子の悲恋を描いた「妹背山」の段などが有名。
冥途の飛脚（めいどのひきゃく）	遊女・梅川と飛脚屋の養子・忠兵衛の実話をもとに、近松門左衛門がリアルに描き出した悲劇。後に「傾城恋飛脚」など改作版も生まれた。
心中天網島（しんじゅうてんのあみじま）	近松門左衛門が紙屋治兵衛と遊女・小春の心中事件を脚色。治兵衛と妻・おさん、小春の三者三様の苦悩が描かれ、とくにおさんの健気さが見どころ。

演目は「時代物」と「世話物」に大別できます。時代物は江戸時代以前の武将の物語を扱ったもの。同時代の事件も時代を変えてフィクションにしました。江戸時代の三面記事を脚色したのが世話物。近松門左衛門が「曽根崎心中」で確立しました。

雅楽(がく)

1200年前そのままの音楽と舞

　5〜9世紀にかけて朝鮮半島や大陸から伝来した楽舞(がくぶ)(音楽と舞)と、日本古来の歌舞(歌と舞)をもとに平安時代の貴族が大成。「舞楽(ぶがく)」と「管絃(かんげん)」、日本古来の「国風歌舞(くにぶりのうたまい)」と平安時代にできた声楽曲の「歌物(うたもの)」の4種に大別できます。

　舞楽は器楽の合奏を伴奏に舞を舞うもので、大陸系の左方と朝鮮半島系の右方に二分されます。音楽や舞い方、装束まで、対照的といえるほど異なります。器楽合奏だけを行う管絃は、貴族にとって楽器の演奏が漢詩、和歌と並ぶ教養の1つとされたことから生まれたもの。伝来した楽器の中から貴族の趣味に合うものだけが選ばれ、器楽曲の様式が整えられていきました。

　中国や韓国では失われたものを、千数百年以上を経た今も受け継いでいる雅楽。衰退しかけたこともありましたが、現在は宮内庁式部職楽部が伝統を継承しています。

歴 史

〜古墳

弥生時代の遺跡から琴類が多数出土していることから、古くから日本では、琴の演奏とともに歌や舞が行われてきたと考えられている。

飛鳥〜奈良

5世紀頃から朝鮮半島、次いで渤海や中国の唐など大陸から楽舞が伝わり、日本古来の歌舞とともに、宮中や寺などで盛んに演奏されるようになる。

安土桃山時代に描かれた「源氏物語図色紙貼交屏風」。光源氏が「青海波」という雅楽の演目を舞っている。（斎宮歴史博物館所蔵）

大宝元（701）年には「雅楽寮」が設置され、総勢400人もの体制で楽舞の伝承が図られた。

平安

雅楽の最盛期。楽舞を中国系の左方と朝鮮半島系の右方に二分するようになった。楽器の演奏が貴族の必須教養の1つとされ、舞を伴わない器楽合奏＝管絃が成立。外来楽舞の改作や新作の作曲・作舞も盛んに行われた。

楽所が設置され、平安後期以降、楽人の世襲化が進む。

安土桃山

応仁の乱で京が荒廃。雅楽も衰退するが、南都（奈良）と天王寺（大坂）の楽所が京を補うことで復活。合同で演奏に従事する「三方楽所」の伝統が生まれる。

江戸

三方楽所の楽人の一部が江戸城内の紅葉山に移住、紅葉山楽人として幕府の手厚い保護を受ける。

種類

舞楽	器楽合奏を伴奏に舞う舞。中国系の舞（左舞）と朝鮮半島系の舞（右舞）の2つに分けられる（詳しくは右ページ参照）。管絃舞楽という特殊な様式以外、絃楽器は用いない。
管絃	音楽だけを楽しもうということで平安貴族が作り出した器楽合奏曲。管楽器と絃楽器と打楽器を用いる。舞楽と同じ曲目でもテンポなど演奏法が異なる。
国風歌舞	日本古来の歌謡を主体とし、舞と演奏を行う。宮中で行う神事・御神楽（民間で行うものは里神楽）や東遊（あずまあそび）、5人の舞姫が舞う五節舞など演目は多彩。
歌物	各地の民謡などをもとに雅楽風に編曲した「催馬楽（さいばら）」と、漢詩に節をつけて歌う「朗詠（ろうえい）」の2つがあり、どちらも平安時代の宮中で盛んに歌われた。

楽器

管楽器は高麗笛（こまぶえ）と龍笛（りゅうてき）、神楽笛（かぐらぶえ）、篳篥（ひちりき）、笙（しょう）、絃楽器は琵琶（びわ）と箏（そう）、和琴（わごん）、打楽器は鞨鼓（かっこ）と鉦鼓（しょうこ）、太鼓（たいこ）、三ノ鼓（さんのつづみ）、笏拍子（しゃくびょうし）。舞楽でも左舞（さまい）と右舞（うまい）では使う楽器が異なるなど、使い分けられています。

管楽器

笙（しょう）
（写真提供／宮内庁式部職楽部）

絃楽器

琵琶
（写真提供／宮内庁式部職楽部）

打楽器

太鼓（釣太鼓）
（写真提供／宮内庁式部職楽部）

左方・右方

舞楽は左方の舞（左舞）と右方の舞（右舞）の2つに分けられます。左舞は中国系の舞楽で、観客から見て左側から登場。音楽は唐楽を用い、音楽の旋律に合わせて舞います。「萬歳楽（写真左）」や「青海波」などが代表的。右舞は朝鮮半島系の舞楽で、右側から登場。音楽は高麗楽で、旋律ではなく打楽器のリズムに合わせて舞います。「納曽利（写真右）」「延喜楽」など。左舞の装束は赤系統、右舞の装束は青（緑）系統なので一目瞭然です。

【写真左】左方に属する代表的な舞、「萬歳楽」。鳳凰が舞うというおめでたい舞。【写真右】右方に属する「納曽利」という舞。雌雄の龍が戯れる様子を表している。
（写真提供／いずれも宮内庁式部職楽部）

知識ゼロでも笑える面白さ
落語(らくご)

　落語とは、最後に「オチ(しゃれなど気のきいた結末、下げともいう)」のつく話のこと。話し手(落語家)が身振り手振りで面白おかしく、1人何役も演じ分けます。

　戦国大名の話し相手を務めた「御伽衆(おとぎしゅう)」の「落とし噺(ばなし)」がルーツ。江戸時代には京・大坂・江戸で3人の職業落語家が活躍しました。江戸で寄席が生まれたのは寛政期(1789〜1801)ですが、30年後には125軒にまで増えたそうです。天保の改革で大打撃を受けたものの、幕末には復活。東西ともに名人が数多く生まれ、庶民の人気を集めました。

　落語の演目の中には、ストーリーのある話をしみじみと聞かせる人情噺もありますが、人気が高いのはオチのある滑稽噺(こっけいばなし)。失敗談や自慢話、情けない姿や残念な人など、今と変わらない江戸っ子の愛すべき姿が笑いを誘います。

歴 史

第1章 芸能

安土桃山

「御伽衆」と呼ばれる人たちが、戦国大名の話し相手として召し抱えられていた。そのなかの1人、安楽庵策伝は「落とし噺」を集めた『醒睡笑』を書き残した。

江戸

五代将軍綱吉の時代、京(露の五郎兵衛)、大坂(初代米沢彦八)、江戸(鹿野武左衛門)で3人の落語家が活躍した。

鹿野武左衛門は、芝居小屋や湯屋で身振り手振りによる噺を面白おかしく披露していた(座敷仕方咄)。→ 江戸落語のルーツ
しかし、このあと、江戸の落語は下火に。

18世紀になると、初代三笑亭可楽が登場し、興行としての落語が始まる。可楽は客からもらった3つのお題を即興で1つにまとめる「三題噺」を始めて人気を博した。その後、芝居噺や音曲噺、怪談噺などが始まり、多様化。

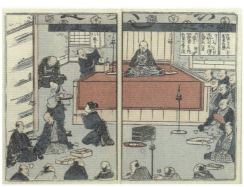

『春色三題噺』春廼家幾久編(東京都立中央図書館特別文庫室所蔵)

天保12〜14(1841〜1843)年の天保の改革で風俗の取り締まりが行われ、寄席は15軒にまで激減。

幕末の頃になると「三題噺」が復活し、河竹黙阿弥、仮名垣魯文らが新作の創作を行った。

小道具

箸	刀	杯

箸（はし）
そばをすすっている姿。左手は丼を持っているように見せている。

刀
手元を見てから目線を上にずらしていくと、長い刀を持っているように見える。

杯
扇子を広げれば大きな杯。なみなみと注がれた酒をおいしそうに一気飲み。

そろばん
扇子を半開きにしてひざに置き、右手の指で珠を弾いているように見せる。

上方と江戸、どう違う？

見台とひざ隠しを使うのが上方のスタイル。

上方落語は派手でにぎやか。落語の途中で三味線や太鼓などの効果音が入ることも。また、上方落語では「見台（けんだい）」と「ひざ隠し」を使います。扇子と手ぬぐいだけの江戸落語に対し、上方落語では小拍子（こびょうし）という小さな拍子木で見台を叩きながら話します。

手紙

手ぬぐいを左手に乗せ、紙に見立てる。
右手に持った扇子を筆に見立てて書く。

財布

たたんだ手ぬぐいをふところから取り出してひざの上に置き、中から金を取り出す。

落語家の昇進制度

前座・二ツ目・真打ちは、江戸落語だけの階級。前座見習いの間は、師匠の家へ通って雑用をこなしながら修業。楽屋入りを許されて、ようやく前座（寄席の番組で一番前に座って落語をすることから）となります。約4年の前座時代を経て、2番目に高座に上がる二ツ目へ。真打ちになれば、大きな名前を襲名することが多く、番組の最後に登場する（トリをとる）資格が得られます。

コラム

すし

　すしは元々、東南アジアから中国にかけての稲作地帯で生まれた食べもの。生の魚をご飯と一緒に漬け込み、何カ月も発酵させて作る魚の保存食でした。「なれずし」といい、琵琶湖周辺の鮒ずしなど、今も日本の各地に残っています。

　おかずであり酒の肴でもあったなれずしから、ご飯も食べる「なまなれ」へと発展したのは、酢の生産量が増えて発酵時間が短くても酸味が出せるようになった室町時代。その後、発酵させない「はやずし」も登場、元禄期(1688〜1704)には押しずしや箱ずし、棒ずし、巻きずしなどが生まれました。

　江戸前の握りずしは文政5(1822)年頃、華屋与兵衛が発明したとされます。江戸っ子に大ウケし、19世紀半ばには卵焼きに車海老、まぐろ刺身、こはだ、穴子など現在と変わらないネタが食べられていました。近年は世界中にSUSHIブームが広まり、各地で珍種のネタも生まれているようです。

第2章 工芸

土と炎が生み出す"用の美"
陶芸（とうげい）

　日本最古の土器は、縄文時代以前の約1万6500年前のものだといわれています。縄文、弥生時代は土器だけでしたが、朝鮮半島や中国から技術を学び、※須恵器や陶器が作られるようになります。釉薬（ゆうやく）で陶器に彩り（いろど）を与える技術も伝来し、奈良時代には唐三彩に影響を受けた奈良三彩（ならさんさい）も生まれています。

　各地で多種多様なやきものの生産が始まったのは、鎌倉時代。茶の湯が盛んになった安土桃山時代には、日本独特の美意識にもとづいた茶陶（ちゃとう）が生まれました。秀吉の朝鮮出兵の際に連れてこられた朝鮮陶工によって、日本初の磁器が誕生したのは江戸時代。純白の生地に色鮮やかな絵柄の磁器は伊万里港から輸出され、ヨーロッパの王侯貴族に珍重されました。

　成形やプリントの技術が進み、現在は量産品がほとんどですが、熟練職人の工芸品は、ひと味違う魅力を秘めています。

※古墳〜平安時代に作られた素焼きの土器。青灰色で硬い。

歴 史

奈良三彩壺（九州国立博物館所蔵）
撮影／落合晴彦

縄文〜弥生
青森県大平山元遺跡で発見された土器は、約1万6500年前のものの可能性が高いとされる。独特な形状の縄文土器を経て、薄く均整のとれた弥生式土器へ。

古墳〜飛鳥
朝鮮半島から須恵器が伝来。ろくろを使って成形し、土器よりも高温の窯で焼けるため壊れにくい。

奈良
素焼きの表面に釉薬をかける技術が伝来。釉薬は焼くとガラス質になり、空気や水を通しにくくなって強度が増す。最初は緑釉陶器、8世紀には唐三彩に影響を受けた奈良三彩が誕生。

平安〜鎌倉
猿投窯（愛知県）で草木の灰から作った釉薬を用いた灰釉陶器が作られる。鎌倉時代にかけて各地でやきものの生産が盛んになった。

室町
各地に生まれた窯の中で、現在、六古窯と呼ばれる瀬戸、常滑（愛知県）、備前（岡山県）、丹波（兵庫県）、越前（福井県）、信楽（滋賀県）の六窯が台頭。

安土桃山
室町時代後期から茶の湯が盛んになり、日本独自の美意識に基づいた茶陶が作られるようになる。茶の湯を好んだ戦国大名たちは領国でやきもの作りを推奨。黄瀬戸、瀬戸黒、志野、唐津など、形も色もさまざまな特徴を持った茶陶が誕生した。なかでも古田織部が作らせた織部焼は、強い歪みを持った形や深い緑色の釉など常識を覆す斬新さで有名。

古田織部（重然）

江戸

豊臣秀吉の朝鮮出兵の際、大名たちによって日本へ連れてこられた朝鮮人陶工の1人、李参平が、有田(佐賀県)で日本初の磁器の製造に成功(1616年頃)。この頃、中国が陶磁器の輸出を禁じたため、ヨーロッパで日本の色絵磁器の人気が高まり、伊万里港から大量に輸出されるようになる。

伊万里色絵花卉文輪花鉢
(柿右衛門様式)(広島県立美術館所蔵)

18世紀になると磁器の製法は各地に伝わり、京や瀬戸、九谷、砥部などでも生産が始まる。幕末頃には量産が可能となり、やきものが庶民の手にわたるようになった。

作業工程

❶土を練る
❷成形・加工する
❸乾燥させる
❹素焼きする
※下絵付けをする。
❺釉薬をかける
❻本焼きする
※上絵付けし、焼き付ける。

↓

完成

主な産地

登り窯（のぼりがま）。傾斜地の一番下に焚き口を設け、陶磁器を焼くための室をいくつも連ねたもの。一度に大量に焼くことができる。

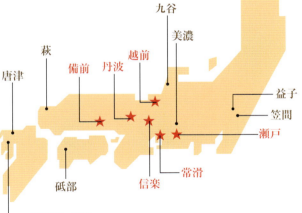

九谷
美濃
萩
越前
備前　丹波
唐津
益子
笠間
瀬戸
砥部
信楽　常滑
伊万里・有田

中世からの歴史を誇る六古窯の中でも、瀬戸は隣接する美濃とともに発展してきた日本最大の生産地。常滑や備前、越前、丹波、信楽などでは、今も釉薬をかけない焼締や自然釉の陶器が作られている。磁器発祥の地・有田と同じく朝鮮人陶工によって開かれた萩や唐津など、全国各地にさまざまな特徴を持った窯がある。

ヨーロッパの人々を魅了した"つや"
漆芸(しつげい)

　漆(うるし)は日本から中国、東南アジア、インドにかけて分布する植物。その樹液からは非常に薄い皮膜ができるので、大昔から塗料として使われてきました。日本でも縄文時代の遺跡から漆を塗った土器や木の器が発見されています。

　奈良時代にかけて中国からさまざまな技法が伝来し、法隆寺の玉虫厨子(たまむしのずし)のような工芸品が生み出されます。建築物の装飾に使われるようになったのは、平安時代。鎌倉時代になると、漆器は庶民にも普及するようになりました。

　螺鈿(らでん)や蒔絵(まきえ)などを施した漆器が輸出されたのは、安土桃山時代。西洋で模倣品が作られるほど人気を呼びます。江戸時代には本阿弥光悦(ほんあみこうえつ)や尾形光琳(おがたこうりん)が独創的な作品を生み出しました。

　接着剤としても用いられ、酸やアルカリにも強い漆。美しさだけでなく、器物を丈夫にするという実用性も見逃せません。

制作工程（輪島塗の場合）

漆器の制作は、大きく分けて木地作り、下地作り、塗り、加飾の4工程。途中、乾燥させたり磨いたりする作業も加わるので、全部で30～50工程に及びます。

木地作り

円筒形にした木を木工ろくろにかけ、仕上がりより大きめのお椀の形に削る（荒挽き）。数カ月間、乾燥させたあと、ろくろにかけてカンナで削り、形を整える（木地挽き）。

下地作り

全体に生漆を塗って木地を丈夫にする（木地固め）。次に、傷みやすい口や底の部分に麻や木綿の布を張って補強し（布着せ）、生漆と下地材を混ぜた下地を塗り重ねる（下地付け）。

塗り

精製した漆を塗り（中塗り）、湿度を70～80％程度に上げて密閉した塗師風呂に入れて乾かす。中塗り漆よりさらに純度の高い漆を塗り（上塗り）、塗師風呂で乾かす。

 →

加飾

塗り物の上に蒔絵や沈金、螺鈿など、さまざまな技法で装飾を加える（詳しくは次ページ）。加飾の技法はいずれも漆の特色を生かしたもので、漆の艶をさらに華やかに彩る。

代表的な技法

蒔絵(まきえ)

漆で絵や文様を描いたあと、乾かないうちに金粉や銀粉をまいて付着させる技法。乾燥したあと、文様部分に漆を塗り、磨いて仕上げる。

平文(ひょうもん)

金や銀などの薄い板を文様の形に切り取って貼り付け、上から漆を塗って磨く技法。平文より厚い金属板を金貝(かながい)といい、室町時代以降、蒔絵に多く用いられた。

螺鈿(らでん)

貝の内側の真珠層部分で文様を作り出す技法。薄い板を小さく切って貼り付けていく方法と、文様の形に彫り抜いたところへ厚めの板を埋め込む方法がある。

沈金(ちんきん)

沈金刀という刃物で文様を彫り、漆を流し込んで金箔や金粉(きんぷん)を埋め込む技法。銀箔や銀粉を用いたものは沈銀(ちんぎん)と呼ばれる。

彫漆(ちょうしつ)

色漆を何度も塗り重ねて厚くし、上から文様を掘り上げて浮き彫りにする技法。朱の漆を用いたものを堆朱(ついしゅ)、黒漆を堆黒(ついこく)、黄漆を堆黄(ついおう)という。

【写真左】蒔絵の作業風景(写真提供/田谷漆器店)、【写真右】沈金の作業風景(写真提供/秋田県湯沢市・川連漆器伝統工芸館)

文化財に見る漆芸品

亀甲地螺鈿鞍
(九州国立博物館所蔵　撮影／藤森武)

黒漆五枚胴具足
(仙台市博物館所蔵)

蓮唐草蒔絵経箱
(奈良国立博物館所蔵　撮影／佐々木香輔)

日本の伝統衣装・着物の美の源泉
染織(せんしょく)

　布を織ったり染めたりして衣類などに用いることは、縄文時代の終わり頃からすでに行われていたと考えられています。日本の染織は、中国や朝鮮半島から伝わった先進技術をもとに発展。平安時代には、何枚もの衣を重ね着して色の組み合わせを楽しむ十二単(じゅうにひとえ)も生まれました。

　室町から安土桃山時代にかけて、明との貿易で絹織物、南蛮貿易で更紗(さらさ)やしまの織物などが渡来し、その後、日本でも作られるようになります。江戸時代には華麗な絵柄の友禅染(ゆうぜんぞめ)が誕生。京の西陣で豪華な絹織物が作られる一方、江戸では小紋(もん)や中形(ちゅうがた)(藍染の浴衣)など江戸好みの型染めが流行しました。

　泥染と独特な織り方の大島紬(おおしまつむぎ)(鹿児島県)や、金銀箔や漆を塗った和紙を糸状にして用いる佐賀錦(さがにしき)(佐賀県)など、各地で個性豊かな織物・染物が盛んになったのも江戸時代です。

歴史

吉野ケ里遺跡から出土した絹織物の遺物。弥生時代のもので「縫い目」が確認できる。（写真提供／佐賀県教育委員会）

弥生
吉野ヶ里遺跡（佐賀県）から茜や貝紫で染めた糸を使った絹織物が出土。弥生時代には、すでに染織が行われていたと考えられている。
『魏志倭人伝』には、卑弥呼が243年に献上した品の中に染織品があったという記録が残る。

奈良
中国や朝鮮半島から優れた技術が伝来。高松塚古墳の壁画（→87ページ）の衣装からも、織物・染物技術の向上がうかがえる。

平安
織物・染物の生産量が増大。貴族の装束は季節に合わせてさまざまな種類が作られるようになった。染色技術も向上、衣を何枚も重ねて色の組み合わせを楽しむ「十二単」が生まれた。

鎌倉
武士の時代になって、衣服は簡略化。とくに女官の装束は庶民と同様、小袖と袴というシンプルなスタイルになった。

室町～安土桃山
明との貿易によって金襴や緞子といった豪華な絹織物、南蛮貿易によって更紗やしまの織物、ラシャやビロードなどが伝わり、日本の染織に大きな刺激を与える。辻が花という模様染が生まれたのは室町後期。絞り染めに絵を描き、さらに金銀や刺繍を施すこともあった。→ 江戸期の友禅染の源流

江戸
京の西陣を中心に緞子、繻子など高級な絹織物が盛んに作られるようになる。元禄年間には友禅染が誕生。色鮮やかに風景や花鳥などを描き出す模様染は画期的だった。小紋や中形など型染めの技術も発達し、江戸っ子好みの衣服が作られていった。地方でも諸藩が染物・織物作りを推奨。現在にも続く特産品が生まれた。

染物

手描き友禅(てがきゆうぜん)

元禄年間に宮崎友禅が考案したとされる。多色を用いて華麗な絵柄を染め出すのが特徴で、京友禅や加賀友禅などがある。

(写真提供／京都染織文化協会)

鹿の子(かのこ)

絞り染めの一種で、布を小さくつまみ、糸でくくって染めると小さな粒状の白い丸として現れる。京鹿の子は豪華さで有名。

(写真提供／京都染織文化協会)

江戸小紋(えどこもん)

細かな文様を型染めで生地一面に染めたもの。江戸時代からの伝統的な技法にもとづき単色で染めた小紋を江戸小紋と呼ぶ。

長板中形(ながいたちゅうがた)

中形とは型染めの一種で浴衣地の代名詞でもある。長板を用いる江戸時代からの伝統技法で藍染めした浴衣地を、長板中形と呼ぶ。

(写真提供／三郷市観光協会)

織物

絣(かすり)

まだらに染めた織り糸でかすれたような模様を織り出した織物。久留米絣、備後絣(びんごがすり)、伊代絣(いよがすり)など各地で作られている。

(写真提供／京都染織文化協会)

紬(つむぎ)

糸にできない屑繭(くずまゆ)から作った紬糸で織った絹織物。素朴な風合いで、元々は庶民の普段着だった。上田紬や結城紬(ゆうきつむぎ)など。

(写真提供／京都染織文化協会)

上布(じょうふ)

上質の麻糸を使った麻織物。軽くて薄く、夏の着物に用いられる。越後上布や宮古上布、近江上布など。

西陣織(にしじんおり)

京都の西陣で織られる豪華な絹織物の総称。綴織や金襴、繻子、御召縮緬(おめしちりめん)、緞子、羅(ら)、紗(しゃ)、絽(ろ)など多種多様な絹織物が生産される。

強くしなやかな特性を生かした造形美
竹工芸(たけこうげい)

　中国や韓国、東南アジアに分布する竹。日本では常緑でまっすぐ伸びた姿がめでたいとされ、古くから栽培されてきました。

　硬いのに弾力性があり、中が空洞なので軽く、しかも縦に細く割ることができるのが特徴。輪切りにしたものをそのまま使うだけでなく、竹ひごにして編むことによって、多種多様なものを作ることができます。

　ざるやカゴなどの日用品から、楽器、竹刀、建築資材まで、竹製品の用途は実にさまざま。竹製品がこれほど多く身近で使われるのは、日本だけといえるかもしれません。

　竹製品の歴史は古く、起源は縄文時代までさかのぼります。時代を経て、千利休によって侘び茶が大成されると、茶の湯の世界でも竹の道具が生み出されました。

　竹の編み方も時代とともに進化し、現代でも機械では作れないような精巧な作品が多数生み出されています。

歴史

縄文
青森県の是川遺跡から出土した藍胎漆器（裂いた竹をカゴに編み、漆を塗ったもの）をはじめ、縄文時代前期から晩期にかけ、各地の遺跡で藍胎漆器が出土している。

奈良～平安
「竹厨子」という竹工芸の国宝が生まれる。厨子とは、経巻を入れるための本棚で、まだらのある細竹を隙間なく連ね、竹製の横棒で押さえる構造。法隆寺献納宝物の１つである。

平安時代初めに仮名で書かれた日本最古の物語、『竹取物語』。竹取の翁は竹工芸の職人だったと考えられる。「竹取物語絵巻〈上〉」（国立国会図書館所蔵）

室町
別府（大分県）で竹細工が始まる。行商用のかごを作って売り出したのが最初といわれ、江戸時代には別府温泉の湯治客の生活用品や土産物として愛用された。

江戸の京橋付近には数多くの竹問屋があった。「名所江戸百景　京橋竹がし」歌川広重（国立国会図書館所蔵）

安土桃山
戦国大名や貴族の間で茶の湯がブームとなり、茶道具の素材としての需要が増大。とくに千利休が陣中で作ったのが始まりといわれる竹の花入は、利休の提唱した「侘び茶」が広まるとともに人気が高まった。

江戸
駿河国（静岡県）の精巧な籠枕が、東海道を行き来する参勤交代の大名たちに人気を呼ぶ。

第2章　工芸

竹細工の種類

ざる
縦に細く割り、薄く削った竹を編んで作った台所用品。食材を並べたり、洗ったものの水気を切るときなどに用いる。

茶筅（ちゃせん）
竹筒の2分の1以上の部分を小刀で細く割って、70～120本くらいの穂先にしたもの。抹茶をたてるときに用いる。

竹とんぼ
竹を薄く削ってプロペラ状にし、中央部に竹ひごの柄をつけたおもちゃ。両手のひらをすり合わせるようにして柄を回転させ、飛ばす。

巻きす
細く割った竹を糸で編んで連ねたもの。のり巻きなど材料を巻いて棒状にするときに使う。竹の表面が出ている方が表。

コラム　竹の不思議

　竹の特徴は、驚異的な成長速度。マダケでは1日に121cm伸びたという記録があります。

　珍しいのは竹の花の咲き方。一斉に咲いて一斉に実を付けたあと、一斉に枯れてしまうのです。

　マダケの開花サイクルは120年といわれ、最近では1960年代から70年代にかけて一斉に花を咲かせたあと、一斉に枯れてしまいました。

竹の編み方

写真提供／東洋竹工

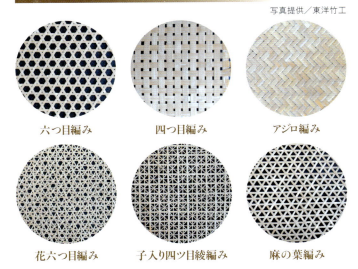

六つ目編み　四つ目編み　アジロ編み

花六つ目編み　子入り四ツ目綾編み　麻の葉編み

竹細工の産地

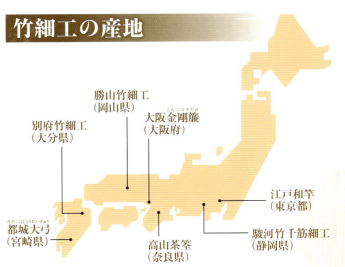

勝山竹細工（岡山県）

大阪金剛簾（大阪府）

別府竹細工（大分県）

江戸和竿（東京都）

都城大弓（宮崎県）

高山茶筌（奈良県）

駿河竹千筋細工（静岡県）

寿命は1000年。強さと美しさを併せ持つ
和紙
わし

　麻の繊維から紙を作る技法は中国で発明されました。日本には、610年、高句麗の僧・曇徴(どんちょう)によって伝来。正倉院に残る大宝2(702)年の戸籍が、日本最古の国産紙といわれています。

　麻よりも処理が簡単な楮(こうぞ)を原料にするようになったのは、奈良時代から。仏教が盛んになると、経典を書写するために紙の需要も増していきました。平安時代には簀(す)と桁(けた)という道具を揺すって繊維を絡ませる、日本独自の紙すきの技術が確立され、薄くて丈夫で美しい光沢を持つ和紙が生まれます。江戸時代には各地でさまざまな加工品が作られ、庶民の暮らしを彩りました。

　扇子や提灯(ちょうちん)などが日本で生まれたのは、折りたたみに強い和紙があってこそ。洋紙の寿命が100年なのに対し、和紙の寿命は1000年といわれています。

原料

楮（こうぞ）

三椏（みつまた）

雁皮（がんぴ）

楮は山地に自生しており、栽培も容易。繊維が強靭（きょうじん）で、楮紙は奈良時代から多く作られてきました。三椏は中国渡来の木で、使われるようになったのは江戸時代から。印刷効果が良いのでお札の原料にも用いられています。雁皮は栽培がむずかしく、生産量は少なめですが、美しい光沢の雁皮紙は古くから高級品として有名です。

和紙と洋紙の違い

	和紙	洋紙
特徴	産地や原料によって、ひとつひとつの手ざわりや見た目の印象が違う	品質が一定で大量生産できる
原料	楮、三椏、雁皮	広葉樹、針葉樹など
繊維の長さ	長い（薄くても強い紙になる）	短い
紙力増強剤	不使用	使用
表面	粗くて不均一	滑らかで均一
強度	強い	強い（針葉樹）
印刷	しにくい	しやすい

※ TTトレーディングHP「和紙と洋紙の主な違い」の表を一部加工して引用。

他にも、和紙は保存性が高く、洋紙は変色や変質が起こりやすい（劣化しやすい）といった特徴があります。ただし、和紙は手づくりなので、大量生産には向きません。紙をすくときの生産スピードは、熟練の職人でも1日に約200枚が限界だといわれています。

和紙ができるまで（美濃和紙の場合）

さらし

乾燥した原料を2～3日水に浸して柔らかくし、不純物を除く。

煮熟(しゅじゅく)

灰汁（あく）を入れて丸釜で1～2時間煮る。皮が柔らかくなり、紙になる繊維が残る。

ちりとり

水洗いしながら、ゴミ・チリ、汚れなどをていねいに取り除く。

叩解(こうかい)

石の板の上に置き、木槌で叩いて繊維を細かくほぐしていく。

紙すき

トロロアオイの根から抽出した粘液を混ぜ、簀桁（すけた）を揺らすことで繊維を結合させる。

乾燥

脱水した紙を乾燥させる。

完成

（写真提供／美濃和紙の里会館）

和紙の産地

越前和紙（福井県）	起源は1500年前といわれ、奈良時代には写経用紙を生産。公文書に使われた最高級和紙・越前奉書で有名。
土佐和紙（高知県）	平安時代の延喜式に名を残し、江戸時代には土佐七色紙が幕府への献上品に。明治時代は日本最大の生産地。
美濃和紙（岐阜県）	702年に作られた美濃和紙が正倉院に残る。薄くて丈夫、すきムラの少ない障子紙の名産地。

他にも和紙の産地は各地にあり、内山紙（長野県）、越中和紙（富山県）、因州和紙（鳥取県）、石州和紙（島根県）、阿波和紙（徳島県）、大洲和紙（愛媛県）の9産地が国の伝統的工芸品に指定されています。2014年には石州半紙と本美濃紙、細川紙（埼玉県）が、原料に楮のみを用いるなど伝統的な手すき和紙の製作技術を伝えているとして、ユネスコの無形文化遺産に選ばれました。

用途

水引

千代紙

和傘

文字や絵を書くための文房具であり、物を包む道具としても用いられてきた和紙。ふすまや障子、提灯や行灯、うちわや扇子、衣服や器にも使われるなど、用途は多様です。

> コラム

折り紙
(おがみ)

　紙を折ってさまざまな形を作り出す表現は世界中にありますが、なかでも特異な発展を遂げたのが日本の折り紙です。

　日本に紙すきの技術が伝わったのは飛鳥時代の610年。約100年後には楮など日本独自の原料で和紙が作られました。薄くて丈夫な和紙は贈り物を包むのにも適していたので、茶や筆、炭など品物に合わせた折り方が考案され、室町時代には武家の礼法として、秘伝の「折形の礼法」が誕生しました。

　折り紙を遊びとして楽しむようになったのは江戸時代。和紙の生産が増え、庶民の手にも入るようになってからです。寛政9(1797)年には、1枚の紙に切り込みを入れて何羽もつなげた折り鶴を紹介した世界最古の折り紙の本が出版されました。

　紙の折り方は数学の研究対象にもなっており、人工衛星の太陽電池パネルに用いられた「ミウラ折り」など工業製品にも広く応用されています。

第3章 稽古事

日本人の美意識を根底から作り変えた芸道
茶道(さどう)

　「茶の湯」は元々、武士や僧侶、貴族たちの贅沢(ぜいたく)な遊びでした。室町時代に精神性を重視する考え方が生まれ、これを「侘(わ)び茶(ちゃ)」として大成したのが、千利休です。

　侘び茶は、質素な草庵の主人となって客をもてなすことを理想とするもの。利休は、茶の作法から茶室と露地(ろじ)(茶庭)の空間づくりまで、自らの美意識にもとづいて体系化しました。

　茶の思想は、陶芸や漆芸、竹工芸などに多大な影響を与えました。さらに、茶会での食事として考案された「一汁三菜」が懐石料理に発展するなど、その後の日本文化の根幹を形作ったともいえるでしょう。

　「茶道」の名が生まれたのは江戸中期。庶民の習い事として大人気となり、精神性が薄れたことを嘆いた茶人たちが、茶の湯の道＝「茶道」と呼ぶようになりました。

歴史

第3章 稽古事

平安
中国（唐）に渡った空海や最澄ら僧侶によって、日本に「茶」がもたらされたとされる。しかし、あまり普及はしなかった。

鎌倉
日本に臨済宗を伝えた栄西が、中国（宋）で喫茶法を学び、茶の樹と種を持ち帰る。その後、日本初の茶の専門書『喫茶養生記』を著し、茶の種類や効能をまとめた。武士や僧侶に喫茶の文化が浸透する。

南北朝
茶を飲み比べて産地を言い当てる遊び「闘茶」が流行。

室町〜安土桃山
一休の下で禅の修行をしたとされる僧・村田珠光が茶の世界での精神性の重要さを説く。「侘び茶」の思想は武野紹鷗に受け継がれて発展。紹鷗に学んだ千利休は、道具類から茶会の方法や点前の作法など茶の湯の体系を整え、侘び茶を大成した。

江戸

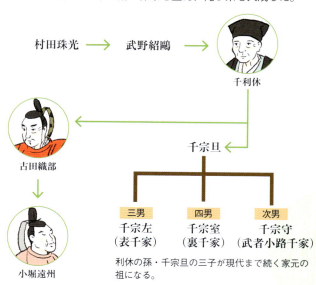

利休の孫・千宗旦の三子が現代まで続く家元の祖になる。

茶室

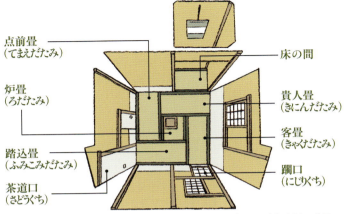

- 点前畳（てまえだたみ）
- 炉畳（ろだたみ）
- 踏込畳（ふみこみだたみ）
- 茶道口（さどうぐち）
- 床の間
- 貴人畳（きにんだたみ）
- 客畳（きゃくだたみ）
- 躙口（にじりぐち）

※裏千家所有の茶室「又隠（ゆういん）」をもとに作図。

千利休が大成した侘び茶は、隠者のようなひっそりと慎ましい暮らしに、美を見出すもの。質素な草庵の主人となって、客をもてなすことを理想としました。利休は4畳半から2畳、さらに1畳半と、極限までムダをそぎ落とし、理念を追求した茶室を残しています。

又隠の外観（写真提供／裏千家 今日庵）

茶室へと導く庭＝露地もまた、利休が考案したもの。飛び石と蹲（つくばい）、石灯籠（どうろう）を用い、山里の風情をただよわせた露地は、以後、日本庭園の一様式となりました。露地に花の咲く木がNGなのは、茶室の床の花を妨げないようにするためです。

一期一会（いちごいちえ）。この言葉は、茶会に臨む際には今日の茶会は一生にただ一度のものと心得て、亭主も客も互いに真剣に誠意を尽くせという意味で、利休の思想をよく表しています。

茶室「翠庵」(写真提供／ HiSUi TOKYO)

茶会では、亭主は客をもてなすため、茶室の床の間のしつらいを整えます。茶会のテーマに合わせた軸をかけ、花入に季節の花を生け、香を入れる香合にも工夫を凝らすのです。

四規七則(しきしちそく)

千利休が説いた茶の湯の心得。茶を飲むとき、点てるとき、客をもてなすとき、客として招かれたとき、すべての基本とされます。

和敬清寂(わけいせいじゃく)

- **和** お互いに心を開いて仲良くする
- **敬** お互いに敬い合う
- **清** 心の中も清らかにする
- **寂** どんなときにも動じない心

茶は服のよきように点て……お茶は心を込めておいしく点てる
炭は湯の沸くように置き……形式だけでなく本質を見極める
夏は涼しく冬は暖かに……季節感を大事に、自然の中に自分をとけ込ませる
花は野にあるように……一輪の花に自然の美しさと命の尊さを表現する
刻限は早めに……心にゆとりを持ち、相手の時間を大切にする
降らずとも雨の用意……常に落ち着いて行動できる心の準備をする
相客に心せよ……客同士が尊重し合い、楽しい時間を過ごす

道具

柄杓(ひしゃく)

釜や水差しから湯や水をくむ道具。竹製で、夏用と冬用で形が異なる。

釜(かま)

湯をわかす道具で、茶会を象徴する特別な道具とされる。鉄製で形や大きさなどはさまざま。

水指(みずさし)

釜の湯を補充したり、茶碗や茶筅などをすすいだりするための水を入れておく器。

茶入(ちゃいれ) / 棗(なつめ)

抹茶を入れる道具。濃茶用を茶入といい、陶磁器でふたは象牙。薄茶用は漆器の棗(形が棗の実に似ているから)など。

茶杓(ちゃしゃく)

抹茶をすくうためのスプーン。竹製がほとんどだが、象牙や木、金属製も。

茶碗(ちゃわん)

茶を飲むための陶磁器の器。色や形など種類は豊富で、茶を飲んだ後、全体の姿形や色などを鑑賞する。

茶筅(ちゃせん)

抹茶を点てるときに用いる竹製の道具。流派によって竹の種類や大きさ、形などが異なる。

茶会の席順

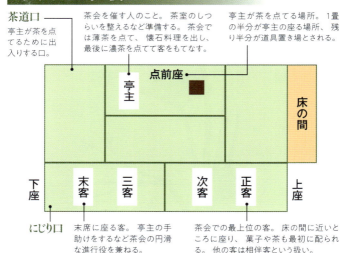

茶道口
亭主が茶を点てるために出入りする口。

茶会を催す人のこと。茶室のしつらいを整えるなど準備する。茶会では薄茶を点て、懐石料理を出し、最後に濃茶を点てて客をもてなす。

亭主が茶を点てる場所。1畳の半分が亭主の座る場所、残り半分が道具置き場とされる。

亭主／点前座／床の間／下座／末客／三客／次客／正客／上座／にじり口

末席に座る客。亭主の手助けをするなど茶会の円滑な進行役を兼ねる。

茶会での最上位の客。床の間に近いところに座り、菓子や茶も最初に配られる。他の客は相伴客という扱い。

第3章 稽古事

コラム お茶の飲み方

お茶の前に運ばれてくるのが、お菓子。先に甘いお菓子をいただくことで、お茶の味が深まります。

お茶が運ばれてきたら、両手をついてごあいさつ。右手で茶碗を持ち上げ、左手を下に添えて、軽く押しいただくようにします。茶碗を時計回りに二度回して飲み、飲んだところを親指と人差し指で軽くぬぐったら、逆方向に二度回して戻します。

茶碗は正面を客に向けて置くもの。大事な正面を避けて飲むため、裏千家などでは茶碗を回して飲みますが、正面を向けてくれた亭主の気持ちを尊重するため、回さない流派もあります。

いけばな

一定の型に従って挿した花を愛でる

　古来、日本では自然の草木を神の宿る依代（よりしろ）としてきました。仏教とともに、仏前に供える花（供花〈くげ〉）も伝来。平安時代、貴族たちは季節の花を飾ったり、花の優劣を競ったりしました。

　室町時代に住居形式が「書院造（しょいんづくり）」となり「床の間」ができたことで、座敷飾りとしての「立て花」が誕生。立て花の名手として池坊専慶（いけのぼうせんけい）が名を上げました。その後も池坊からは名手が続出。専好（二代）が「立花（りっか）」という様式を大成します。一方では、簡素で自由な茶花（ちゃばな）（茶席の床にいける花）も登場しました。

　江戸時代には、茶花の自由さを継いだ「抛入花（なげいればな）」が流行。やがてシンプルな様式を定めた「生花（せいか）」へと発展して多くの流派が生まれ、近代には女性に人気の稽古事となりました。

　時代によってさまざまな名称を持つ「いけばな」。様式は異なっても、花を愛（め）でる心は今も昔も変わりません。

歴 史

第3章 稽古事

飛鳥〜鎌倉

日本では古来より草木を「依代」として扱っていた。依代とは神霊が寄りつく場所、という意味。あらゆるところに神が宿るという、日本独自の考え方が反映されている。やがて、6世紀になって、大陸から仏教が伝わると、仏前に花を供える風習が生まれた（供花）。

神が降り立つ植物・榊（サカキ）。神と人との境目に供えたので「境目の木＝サカキ」になったという説も。

室町

室町時代には「書院造」が出現し、「床の間」が現れたことによって、「いけばな」はふさわしい場所を得た。

花は神仏に供えるものから、邸宅に飾るものに変化した。やがて、座敷飾りとして様式が整えられ、「立て花」が成立。

京都の頂法寺（六角堂）池坊の僧・専慶が挿した花が話題に。専慶は斬新な手法で、「供える花」を「鑑賞する花」に変えた。
→「いけばな」の誕生

現存する最古の花伝書『花王以来の花伝書(部分)』（華道家元池坊総務所）

専慶の理論を受け継いだ専応(せんおう)は、思想としての「いけばな」を確立。立て花の基本形を記した口伝書を残す。

安土桃山	池坊専好（初代）は、多くの戦国大名に招かれて花をいけ、名を上げた。初代を継いだ専好（二代）も宮廷や貴族、武家の屋敷で活躍、「立花」を大成した。立花の様式は、花形の骨組みを決める枝を7つにするというもの。池坊専好（二代）
	千利休が茶の湯を大成し、茶花が誕生する。
江戸	江戸時代、立花は庶民の人気の習い事になった。その後、庶民の間で茶の湯の人気が高まると、茶花のように自由にいける「抛入花」が流行。18世紀半ば以降、3つの枝が形成する不等辺三角形を「天地人」とする「生花」様式が整えられ、さまざまな流派が誕生した。
明治〜	生花が若い女性の稽古事として広まる。
	洋風の住宅が増えると、床の間でなく応接間に合う「盛り花」様式などが誕生。花材にも洋花が用いられるようになる。昭和以降は、前衛いけばなも盛んになった。

流派

数多くの流派があります。流派によって、天地人ではなく真副体（しんそえたい）、序破急、体用留、真副控（しんそえひかえ）など、用いる名前もさまざま。

流派	説明
池坊	室町時代、京の頂法寺（六角堂）池坊の僧・専慶を開祖とする。立て花から立花を大成した専好（二代）ら名人を輩出し、いけばなの歴史を作り上げた。
未生流（みしょう）	江戸後期、未生斎一甫（みしょうさいいっぽ）が大坂で始めたもの。幾何学的理論と陰陽五行説に基づくいけばな理論で、関西を中心に広く人気を集める。
小原流（おはら）	明治時代、池坊から独立した小原雲心（おはらうんしん）が、小さな鉢の花器に低くいける「盛り花」を考案。洋花も取り入れ、洋風建築に合ういけばなを生み出した。
草月流（そうげつ）	昭和2（1927）年、勅使河原蒼風（てしがわらそうふう）が創始。型にとらわれることなく、いける人の個性を生かした自由ないけ方を目指す。

天地人三才

いけばなは3本の枝を中心に構成します。天と地の間に人がいて、調和した宇宙が形成されているという、古代中国の思想をもとにしたもの。それぞれの枝の名称は各流派によって異なります。

道具

花ばさみ

花や枝を切るためのはさみ。普通のはさみに比べ、刃よりも持つ部分のほうが長くなっている。

花器

花をいける器。さまざまな素材があるが、花材との取り合わせが大事にされる。

花留(はなどめ)

花器に花を固定する道具。江戸時代には見せるための花留も作られた。剣山は明治末期から。

文学的素養も必要な、芸術的遊び
香道(こうどう)

　香道とは、文字通り、香りを鑑賞する芸事です。香道では香をかぎ分けたり味わったりすることを「聞香(もんこう)」といいます。香は「かぐ」のではなく、「聞く」ものだとされているのです。

　現在、主に行われるのが、数種の香木を聞き分ける「組香(くみこう)」。文学的主題を表現するように香が組まれているので、香の名を当てるだけでなく、その主題が理解できなければなりません。場合によっては、歌や詩を詠むことも求められる、極めて高度な遊びです。

　室町から江戸時代にかけては、香木を分類しようという試みも行われました。その1つが「六国(りっこく)」。伽羅(きゃら)・羅国(らこく)・真南蛮(まなばん)・真那伽(まなか)・佐曽羅(さそら)・寸門多羅(すもたら)と産地で命名したものです。また、「五味」は、辛い・甘い・すっぱい・苦い・塩辛いのように、味に置き換えて表現しようとしたもの。ある程度の分類ができるようになったおかげで、香道はさらに進化しました。

歴 史

第3章 稽古事

飛鳥
『日本書紀』によれば、595年、淡路島の海岸に漂着した流木を島民が火にくべると、驚くほど良い香りが漂い、これを推古天皇に献上したという記録がある。→ 最古の香木に関する記述

奈良
仏教とともに伝えられた香木は、仏前を清める「供香」として、宗教的儀式に用いられていた。来日した鑑真和上は、多くの香料と、香の調合法をもたらしたといわれる。

平安
粉末状の香料を練り合わせ、加熱して立った香気を楽しむ「薫物」が、貴族の趣味として浸透した。身につけるものに香りを移したり（薫衣香）、部屋の中に香をたきこめたり（空薫物）、香りを競い合ったりして楽しんだ。

鎌倉
武士が台頭してくると、優美な薫物から1つ1つの香木の香りに重点が移る。

室町
婆娑羅大名・佐々木道誉は、膨大な香木を収集。香の優劣を競い合う「香合わせ」が盛んに行われた。室町幕府八代将軍・足利義政は、道誉のコレクションを引き継ぎ、三条西実隆（御家流始祖）らと香の文化を追求した。
やがて、志野宗信（志野流始祖）によって「聞香」の形式が整えられていく。→ 香道の成立

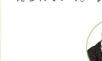
佐々木道誉

三条西実隆

江戸
元禄時代になると、武士や貴族だけでなく、経済力を持った町人たちの間でも香りの文化が広まり、「組香」が盛んに行われた。

聞香

香のたき方の基本は以下の通り。香席では香元(主催者)が行い(「手前」という)、正客から順に香炉を回します。聞き方は「三息(3回)」と決まっていて、多くても少なくてもいけません。

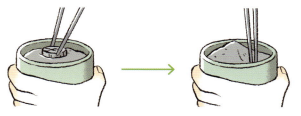

コンロや断熱器で香炭団(こうたどん：筒状の炭)を十分に熱し、火が回ったら香炉の中心に埋める。

香炉を回しながら、火箸を使って灰を香炉の中央にかきあげる。

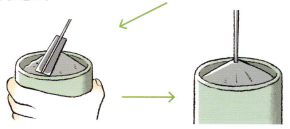

「灰押(はいおさえ)」という道具で軽く灰を押さえながら、山の形に整える。筋をつけることも。

「山」のてっぺんから火箸を垂直に挿し、埋まっている炭団まで火気を通す穴(火窓)をあける。

火窓の上に銀葉(ぎんよう：薄い雲母のまわりを金属で縁取ったもの)を置き、その上に小さく割った香木を載せる。

香炉の下に手を入れ、もう一方の手を香炉の上から屋根を作るようにかぶせる。そのまま顔に近づけ、かぶせた手を開けながら香りを「聞く」。

源氏香
(げんじこう)

組香の1種。5種の香木を5包ずつ用意します。計25包の中から5包を任意に選んで順番にたいていきます。香を聞いたら、右から順に縦線を引いていきます。同じ香りだと思うものは上部を横線でつなぎます。組み合わせは全部で52通り。『源氏物語』に当てはめ、最初の「桐壺」と最後の「夢浮橋(ゆめのうきはし)」を除いた52帖の名前がつけられています。

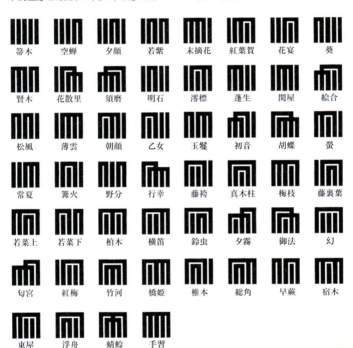

箒木　空蟬　夕顔　若紫　末摘花　紅葉賀　花宴　葵
賢木　花散里　須磨　明石　澪標　蓬生　関屋　絵合
松風　薄雲　朝顔　乙女　玉鬘　初音　胡蝶　螢
常夏　篝火　野分　行幸　藤袴　真木柱　梅枝　藤裏葉
若菜上　若菜下　柏木　横笛　鈴虫　夕霧　御法　幻
匂宮　紅梅　竹河　橋姫　椎本　総角　早蕨　宿木
東屋　浮舟　蜻蛉　手習

五の香　四の香　三の香　二の香　一の香

例：真木柱

左は、一の香と五の香が同じ、二の香と四の香が同じ、三の香が他のどの香りとも異なっていることを表している。

江戸の一般庶民に大人気だったお稽古事
邦楽(ほうがく)

　邦楽とは、近世に発展した箏・三味線・尺八などの音楽のこと。庶民のお稽古事として広く人気を集めました。

　箏は奈良時代に中国から伝わり、雅楽で今も使われている楽器。江戸初期に八橋検校(やつはしけんぎょう)が改良を加え、日本の歌に合う箏曲を生み出して、大ブームを巻き起こしました。

　三味線は、中国で生まれた三絃(さんげん)が、琉球(現在の沖縄)を経て、永禄年間(1558〜1570)に日本に伝わったもの。琵琶法師によって形や弾き方などが改良されて現在の姿になり、文楽や歌舞伎などにも使われるようになりました。

　尺八は、雅楽に使われたものも含め、いくつかバリエーションがあり、現在、そのなかで残っているのは普化尺八(ふけしゃくはち)。普化宗の僧である虚無僧(こむそう)しか吹くことは許されませんでしたが、実際には一般人に教えることも盛んに行われていました。

箏（琴）

木の胴に13本の弦を張り、「琴柱」を立てて音律や音階を決定する弦楽器。「琴」は琴柱のない楽器なので厳密には異なりますが、早くに廃れたので近世以降、箏は琴とも呼ばれるようになりました。各部には、龍に見立てた名前がつけられています。龍頭が右側に来るように置いて右端に座って弾きます。

古墳時代の埴輪。高貴な身分の男性が演奏していたのは、琴柱のない「琴」と見られる。蓼原古墳出土弾琴男子椅座像埴輪（横須賀市自然・人文博物館所蔵）

右手の親指、人差し指、中指に爪をはめて弾く。左手は、弦を押さえて音の高さを調整したり装飾音をつけたりする。

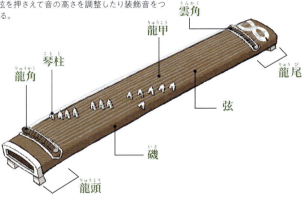

日本の歌に合った音階（平調子）を考案し、俗箏と呼ばれる箏曲を作り上げたのが、盲目の音楽家・八橋検校。俗箏は江戸時代、町民たちの間でお稽古事として大ブームを巻き起こし、生田流、山田流など現在に続く流派が生まれました。

八橋検校

三味線

棹と胴、太さの違う3本の弦から成る弦楽器。棹の太さによって太棹、中棹、細棹があります。胴の両側に張ってあるのは猫の皮または犬の皮。右膝の上に胴を乗せ、右手に持った撥で弾きます。左手は棹の上で弦を押さえ、音の高さを調整します。

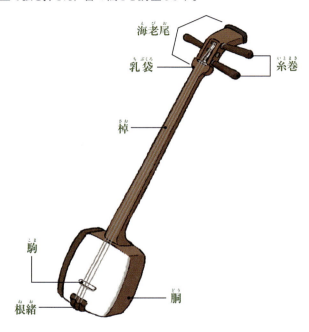

海老尾
乳袋
糸巻
棹
駒
根緒
胴

石村近江（二世）の墓は大信寺（東京都港区）にある。

石村近江は、代々続いた三味線製作の名工。初代は京の人で、二世が江戸に出て「江戸元祖浄本近江」と名乗りました。

十一世まで続きましたが、とくに古い代の作った三味線は「古近江」と呼ばれ、名器として知られています。

尺八

長さが一尺八寸（約55cm）であることから名がついた管楽器。真竹(まだけ)の根部分から切り取り、内側をくりぬいて滑らかにしたものです。中継ぎ部分で2つに分解することが可能。吹き口には水牛の角などがはめてあります。初心者には音を出すこともむずかしい楽器です。

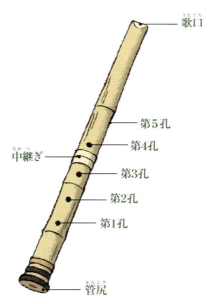

歌口(うたぐち)
第5孔
第4孔
中継ぎ(なかつぎ)
第3孔
第2孔
第1孔
管尻(かんじり)

江戸時代、普化宗（禅宗の一派）の僧・虚無僧以外は吹いてはいけなかった尺八。「修行のためだから」という理由で関所はフリーパス、編み笠を脱いで顔を見せなくてもいいなど、他にもさまざまな特権を与えられていたので、虚無僧は幕府の隠密だったという説もあるほどです。

顔を隠して尺八を吹く虚無僧（こむそう）

日本で育った2つのボードゲーム
囲碁・将棋

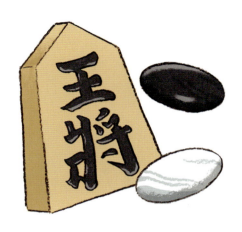

　日本に伝わって以来、道具やルールが独自の発展を遂げた囲碁と将棋。江戸時代にはどちらも名人が幕府に召し抱えられ、庶民の間でも人気が高まりました。

　囲碁は、2人のプレーヤーが碁盤という広大な土地に自分の陣地を作っていくゲーム。互いに陣地を取り合い、最終的に陣地が決定した時点で大きさを比べます。ルーツははっきりしませんが、中国では紀元前から行われていました。

　将棋は、軍事上の演習を模したゲーム。古代インドで生まれたチャトランガが、西へ伝わってチェスに、東へ伝わって中国でシャンチー、タイでマークルック、そして日本で将棋となりました。8種類の駒を用いて、相手の「王(玉)将」という駒を先に捕獲したほうが勝ち。取った駒を再使用できる持ち駒制は、日本独自のルールです。

歴史

囲碁

ルーツは不明だが、7世紀初めの『隋書』に「倭人は囲碁を好む」との記述がある。正倉院の御物にも碁盤と碁石が残っている。

平安時代には、貴族の間で男女を問わず好まれた。紫式部も清少納言も相当な腕前だったと推測されている。

鎌倉以降は武家、僧侶にも浸透。安土桃山時代には、日蓮宗の僧侶だった本因坊算砂が名手として名を馳せ、信長、秀吉、家康の3者に仕えた。秀吉からは碁の役職を与えられ、家康からは名人碁所(碁界の総取締役)に任じられた。

慶長17(1612)年、碁打ちと将棋指しの8人が幕府に召し抱えられる。→プロ棋士と家元制の誕生

その後、将軍の前で対局する「御城碁」が始まる。碁所の座を目指した4家元が熾烈な戦いを繰り広げた。優れた碁打ちが続出、民衆の間にも広く普及した。

本因坊算砂

将棋

将棋のルーツといわれるインドのチャトランガ。(写真提供/日本将棋連盟)

ルーツは5世紀頃に北インドで生まれたチャトランガ。日本最古の将棋の駒は11世紀中頃のものなので、11世紀前半頃には伝わっていたと考えられる。16世紀半ばには、盤や駒がほぼ現在の仕様に。16世紀末頃、京の町人であった大橋宗桂が、徳川家康の宴席で将棋を指導したり、後陽成天皇に詰将棋を献上したりして名を上げた。

慶長17(1612)年、将棋指しと碁打ちの8人が幕府に召し抱えられる※。→プロ棋士と家元制の誕生

その後、将軍の前で対局する「御城将棋」が始まる。名人は終身制で、3家元の中から話し合いによって選出された。

大橋宗桂

※将棋界では「将棋所」は幕府の役職ではなく、3家元の自称としている。

囲碁の道具

碁盤
縦横に線が等間隔に引かれており、この線の交点に碁石を打つ。通常使用されるのは縦横19本の線（交点の数は361）が引かれている「19路盤」。おもにカヤ、カツラ、ヒノキが使われ、なかでも宮崎県産のカヤが珍重される。

碁石
黒と白、2種類の丸石が使われる。白石は宮崎県日向産のハマグリ碁石、黒石は三重県熊野産の那智黒石が最高級品とされる。白は見た目に大きく見えるので、黒石の方が白石より大きく作られている。

囲碁のルール

黒石と白石に分かれ、1手ずつ交互に打ちます。第1手は黒石から。打つ場所は線と線の交点。自分の石で囲った部分が陣地（地）で、陣地の多寡で勝負が決まります。石のまわりを敵の石で囲まれる（呼吸点をふさがれる）とその石は取られてしまいます。取ったり取られたり、攻めたり守ったりして自分の陣地を広げます。

コラム　囲碁・将棋のタイトル戦

　囲碁のタイトル戦は7つ。最も古いのが、昭和16（1941）年から始まった本因坊で、他に棋聖、名人、王座、天元、碁聖、十段があります。将棋のタイトル戦は、竜王、名人、王位、王座、棋王、王将、棋聖、叡王の8タイトル。

　将棋界では、平成8（1996）年に羽生善治が史上初めて7大タイトルを独占しました。それから20年後の平成28（2016）年、囲碁界では井山裕太が7タイトルすべてを獲得。羽生は25歳、井山は26歳という若さでの偉業達成でした。

将棋の道具

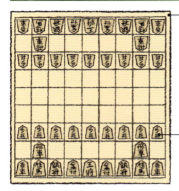

将棋盤
囲碁と同様、縦横に直線が引かれているが、将棋は線で囲まれたマス目に駒を置く。本将棋では縦横9マス、計81マスの盤を使用する。素材は碁盤と同様、カヤ、カツラ、ヒノキなどが使われる。

駒
駒はすべて五角形で、8種類。表と裏に文字が描かれている。駒の生産地として有名なのは、山形県天童市。国内の駒の約9割が同地で生産されている。素材は御蔵島(伊豆諸島)産のツゲが最高級。

奈良県・興福寺旧境内から出土した日本最古の将棋駒。
(奈良県立橿原考古学研究所附属博物館所蔵)

将棋のルール

2人のプレーヤーが1手ずつ交互に指します。駒は20枚。8種類あって、歩は前に1つずつ、角は斜めにいくつでもなど、それぞれ動き方が異なります。相手の駒のあるところに進むと、その駒を取ることができます。取った駒は持ち駒といい、いつでも好きなところに使えます。将棋の駒は敵味方で色分けされていないので、再使用できるわけです。

> コラム

盆栽
ぼんさい

「鉢の中の小宇宙」と称えられる盆栽。植木の姿に手を入れることで、鉢の中にミニチュアの「自然」を再現しようとするところが、単なる鉢植えとの大きな違いです。

盆栽のルーツは、中国で唐の時代から行われていた「盆景」。盆の上に石や土を敷いて木を植え、自然の情景を作り出すもので、日本には平安時代に伝わりました。「盆山」の名前で呼ばれ、「春日権現霊験記」など絵巻物にも登場。鎌倉時代から戦国時代にかけて武士たちの間でも広く好まれました。

江戸時代には庶民にも広まりましたが、さらに盛んになったのが明治時代。政・財界の重鎮から文化人まで上流階級の趣味としてもてはやされるようになりました。

時間も手間もかかることから、近年はご隠居趣味として敬遠され気味でしたが、1990年代から海外での評価が急上昇。BONSAIの愛好者は今や世界40カ国以上に及ぶそうです。

第4章 芸術

さまざまな技法で"日本の美"を描き出す
日本絵画(にほんかいが)

　古くから日本絵画は、中国大陸や朝鮮半島の文化に学んで発展してきました。平安前期に遣唐使が廃止されると、中国の絵を手本にした「唐絵」に対し、日本的な風物を描く「大和絵」が誕生。絵巻物のような日本独自の作品も生まれます。

　鎌倉時代になると中国の宋・元代の絵画が伝来。中でも水墨画は「漢画」と呼ばれ、一大ジャンルを築き上げました。一方、日本の四季折々の情景を描く大和絵は、土佐派によって継承され、隆盛を極めます。その後、水墨画と大和絵の技法を融合した狩野派が台頭。大和絵の技法を使って、装飾的な画風を創造した琳派も生まれました。

　西欧から油絵の技術が伝わり、明治期に「洋画」が誕生すると、伝統的な岩絵の具を用いる絵を「日本画」と呼ぶようになります。中国から西欧まで、多種多様な影響を受けながら、日本絵画は独自の発展を遂げてきました。

歴 史

「高松塚古墳壁画（西壁女子群像）」（写真提供／文化庁）

| 飛鳥〜奈良 | 高松塚古墳などに色鮮やかな壁画が残る。

仏教とともに仏教画が伝来、法隆寺金堂壁画など多くの仏教画が描かれる。「鳥毛立女屏風」のような風俗画も。

| 平安 | 最澄・空海によって密教が伝えられ、曼荼羅などの密教画が盛んに。末法思想と浄土教にもとづく涅槃図や来迎図も流行した。

中国的な風物を描く唐絵に対し、日本の風景や風俗をテーマとする大和絵が誕生。

「源氏物語絵巻」、「伴大納言絵詞」、「信貴山縁起絵巻」、「鳥獣戯画」の4大絵巻が生まれる。

「信貴山縁起絵巻（山崎長者巻）［部分］」（写真提供／奈良国立博物館　朝護孫子寺所蔵）

| 鎌倉 | 中国の宋・元代の絵画が伝わる。禅宗とともにもたらされた水墨画もその1つ。写実的な似絵（肖像画）や合戦絵、社寺の縁起絵巻、浄土教の布教のための地獄絵などが多く描かれた。

| 室町 | 如拙や周文、雪舟など、絵を専門にする僧が登場。水墨画が盛んに描かれた。

宮廷の絵師であり、幕府の御用絵師となった土佐光信が、土佐派を確立。以後、土佐派の描く絵を大和絵と呼ぶようになった。

「慧可断臂図」雪舟（写真提供／京都国立博物館　斉年寺所蔵）

安土桃山

水墨画の技法に大和絵を取り入れた狩野派が台頭。なかでも狩野永徳は、御用絵師として安土城や大坂城などの絢爛豪華な金碧障壁画を手がけ、江戸時代にかけて史上最大の派閥となる基礎を確立した。同時期に活躍した長谷川等伯とのライバル関係でも有名。

「上杉本 洛中洛外図屏風(左隻4扇)[部分]」狩野永徳(米沢市上杉博物館所蔵)

江戸

本阿弥光悦が京に工芸村を形成。仲間の1人、俵屋宗達が独自の様式を確立し、「風神雷神図屏風」などが後世の琳派に影響を与える。光悦の100年後に現れたのが尾形光琳。光悦・宗達を師と仰ぎ、大胆な構図と華麗な装飾性で琳派様式を確立する。光琳を師と仰いだ酒井抱一、その弟子の鈴木其一も著名。

「燕子花図」尾形光琳(根津美術館所蔵)

江戸

中国の南宗画(文人画)の影響を受け、江戸中期から南画が流行。池大雅や与謝蕪村などが知られる。

流派とは離れ、独自の画を描いた絵師たちも多かった。江戸初期に、御用絵師ではない最初の町絵師として人気を博したのが岩佐又兵衛。風俗画を多く手がけ、浮世絵の先駆けといわれる。色鮮やかな動植物を濃密に描いた伊藤若冲が登場したのは江戸中期。他にもエキセントリックな画風で知られる曾我蕭白など、多士済々。

「海の幸」青木繁(石橋財団ブリヂストン美術館所蔵)

明治

油絵の「洋画」に対するものとして、岩絵の具(鉱物から作った絵の具)を用い、毛筆で絹の布や和紙に描く絵を「日本画」と呼ぶようになる。
洋画では、高橋由一や五姓田義松らがイギリス人画家・ワーグマンに油絵の技法を学ぶ。明治20(1887)年に創立された東京美術学校は、青木繁などそうそうたる卒業生を輩出。
一方、日本画の世界では、狩野芳崖が西洋の画法を取り入れた新しい日本画を創造。芳崖の盟友・橋本雅邦の門からは横山大観、菱田春草らが育った。

「悲母観音像」狩野芳崖
(東京藝術大学所蔵)

浮世絵

江戸庶民の暮らしを彩った最先端メディア

　浮世の風俗をテーマに描かれた浮世絵は、江戸の庶民に欠かせない娯楽でした。それまでの絵画が貴族や武家のために描かれたものだったのに対し、安価で庶民にも簡単に入手できた芸術作品は、世界的にも画期的な存在でした。

　木版刷りの絵本から挿絵だけを独立させ、一枚絵として手刷りで量産するようになったのが、浮世絵の始まりです。明和2 (1765) 年に多色刷りの技法が完成すると、浮世絵は大人気となりました。

　テーマは当然、庶民のニーズに合わせたもの。庶民の大好きな役者絵と美人画は、ブロマイド代わりになり、後期に人気となった風景画は、観光ガイドブックの役割を果たしました。

　19世紀後半にヨーロッパへ伝わり、ジャポニスムという日本趣味が流行したのは有名な話です。

歴史

初期

「低唱の後」菱川師宣（慶應義塾所蔵）

菱川師宣が、絵本から挿絵を独立させて観賞用の１枚の絵としたのは寛文10（1670）年頃。墨１色で大量に印刷できたので、庶民も入手可能に。
→「浮世絵版画」の誕生
師宣は肉筆画にも優れていた。代表作は「見返り美人図」。

現在も続く鳥居派の祖・鳥居清信が役者絵で人気を博す。

墨で刷った絵に１枚ずつ筆で色を塗る、手彩色の手法が生まれる。

中期

明和２（1765）年、鈴木春信が摺師や彫師らと協力して、多色刷りの浮世絵「錦絵」を完成。春信はほっそりとした中性的で優美な美人画で有名。遊女だけでなく、町の評判娘などもテーマにした。また、鳥居清長が、独特の８頭身の美人画で一世を風靡する。

「鞠と男女」鈴木春信
（千葉市美術館所蔵）

「当時三美人」 喜多川歌麿(千葉市美術館所蔵)

版元・蔦屋重三郎の支援で大成したのが、喜多川歌麿。役者絵の手法だった「大首絵(上半身をアップにした絵)」を美人画に取り入れ、大人気となる。微妙な個性の違いも描き分け、後世に大きな影響を与えた。

「三代目大谷鬼次の奴江戸兵衛」 東洲斎写楽(千葉市美術館所蔵)

謎の絵師・東洲斎写楽は、蔦屋重三郎の元で約140枚の役者絵と少数の相撲絵を残した。力強い写実的表現で異彩を放ち、世界的にも有名。ただ、当時の人々にはあまりのリアルさが不評だった。活躍期間は寛政6(1794)年5月からわずか10カ月間。

コラム 敏腕プロデューサー・蔦屋重三郎

　江戸中期の版元(出版人)で通称・蔦重。狂歌名・蔦唐丸。恋川春町や山東京伝、大田南畝など狂歌作者や戯作者たちと交流があり、斬新な企画を打ち出して人気を呼びました。喜多川歌麿を家に寄宿させて、一人前に育てたことでも有名。謎の絵師・東洲斎写楽を見出すなど、プロデューサーとしての手腕は高く評価されています。

後期

【写真左】葛飾北斎(「北斎肖像」渓斎英泉 すみだ北斎美術館協力)、【写真右】歌川広重(「肖像」野村文紹 国立国会図書館所蔵)

葛飾北斎は、大胆な構図の風景画と卓越したデッサン力で、ゴッホをはじめフランス印象派に多大な影響を与えた。90歳で亡くなるまでの間に、「富嶽三十六景(ふがくさんじゅうろっけい)」をはじめ、「北斎漫画」など膨大な作品群を残す。肉筆画にも傑作が多い。

歌川広重は、洋画の技法を取り入れた斬新な風景画で大人気となる。代表作は「東海道五十三次」「名所江戸百景」など。

他に、武者絵や風刺画などで近年、見直されている歌川国芳など、幕末にかけて浮世絵は活況を呈した。明治期には新聞の世界に進出したものの、衰退。

「富嶽三十六景 神奈川沖浪裏」葛飾北斎
(すみだ北斎美術館所蔵)

「名所江戸百景 浅草田甫酉の町詣」歌川広重
(国立国会図書館所蔵)

浮世絵ができるまで

版元（出版社）が総合プロデューサーとなり、職人に指示を出しながら作品を仕上げた。

絵 版下絵を描く

版元の依頼に応じて版下絵（原画）を描く。この段階では、まだ墨１色。描くものは、流行やルールなどに応じて版元が決めるため、自由に描けるわけではない。

版元 検閲を受ける

公序良俗に反していない、体制批判ではない……などの基準をクリアしなければ出版できなかった。許可が下りたら、検閲をパスしたことを示す「極印（改印）」を絵に入れた（省略不可）。

彫 主版を彫る

決定稿である「版下絵」を受け取ったら、裏返しにして版木に貼る。絵の線だけを残しながら紙ごと彫っていき、墨版を作る（主版）。

絵 色を指定する

墨版を使ってモノクロの絵を何枚か摺る（枚数は使う色の数と同じ）。これが「校合摺り」。絵師は校合摺りに色の指定をしていく（色さし）。

彫 色版を彫る

絵師による「色さし」に従って、それぞれの「色版」を彫る。髪の毛の細かい線などは熟練した技術が必要で、彫師の腕の見せどころだった。

摺 １色ずつ塗り重ねる

複数の版木を使って紙を摺り、浮世絵を完成させる。色版がズレないように細かく調整をしながら、墨から順に摺っていく。色ムラが出ないように摺るのは、極めて難度の高い技法。

分類

第4章 芸術

美人画
「今様美人拾二景　両国橋・気がかるそう」
渓斎英泉（千葉市美術館所蔵）

美人画は浮世絵の最も重要なテーマ。遊郭(ゆうかく)の女性だけでなく、町の評判娘なども描かれました。
歌舞伎の役者を描く役者絵も美人画と並ぶ2大テーマ。後期には名所絵（風景画）が大ブームとなります。他にも武者絵や相撲絵など、江戸の庶民の好みに合わせた絵が描かれました。

役者絵

「四代目木場団十郎」歌川豊国（千葉市美術館所蔵）

名所絵

「名勝八景 富士暮雪」
二代歌川豊国
（国立国会図書館所蔵）

仏像

信仰の対象にとどまらない多彩さが魅力

　古墳時代に朝鮮半島から仏像が伝わると、渡来仏師の力を借りながら、仏像は日本で独自の発展を遂げていきました。

　奈良時代には国家的事業として大仏が造立され、平安時代には大日如来をはじめとする密教の仏像もさかんに作られるようになります。仏師・定朝によって寄木造の技法が完成されると、短期間で大きな仏像が作れるようになりました。鎌倉時代には運慶・快慶らが写実的で力強い仏像を生み出し、日本の仏像の歴史は頂点を迎えました。

　慈悲のほほえみから憤怒の形相まで、表情もさまざま。質素な衣なら如来、体から何十本もの手が出ていたら千手観音というふうに、姿形から判別できることも。さらに印相（指や手の組み方）や持物（手に持っているもの）など、知れば知るほど、鑑賞の楽しみが深まる点も仏像の魅力です。

歴 史

古墳	欽明天皇の代、朝鮮半島の百済から仏像が伝わる。
飛鳥	金銅仏（金メッキを施した青銅製の仏像）の制作が始まる。渡来人の子孫である鞍作止利が活躍。代表作は法隆寺の釈迦三尊像や飛鳥大仏（写真右）など。法隆寺の救世観音像や百済観音像など、木製の仏像も。
奈良	国家的事業として、東大寺の盧舎那仏が造立される。金銅仏としては世界最大。粘土を材料にした塑像や、漆を使った脱活乾漆造による仏像も作られるように。後者の代表作が興福寺の阿修羅立像。
平安（前期・中期）	主要部を１本の木からつくる一木造が盛んになる。十一面観音立像（写真右）は白檀の一木造。空海、最澄らが密教を伝え、大日如来や不動明王など密教の仏像がさかんに作られるようになった。東寺の不動明王像が作られたのもこの頃。

飛鳥大仏（写真提供／明日香村教育委員会　飛鳥寺所蔵）

十一面観音立像（奈良国立博物館所蔵　撮影／佐々木香輔）

平安（後期）

仏師・定朝が寄木造の技法を完成。大きな木を用いなくても巨大な仏像が作れるようになる。分業が可能なので、制作時間も短縮できるようになり、以後、仏像制作の主流に。平等院鳳凰堂の阿弥陀如来座像（写真右上）は定朝の代表作。

阿弥陀如来坐像
（平等院所蔵）

鎌倉

運慶・快慶らが活躍。2人が共同で制作した東大寺南大門の金剛力士立像（写真右下）など、写実的で躍動的な仏像が生み出された。運慶は力強い作風で知られ、代表作としては円成寺の大日如来座像など。快慶は繊細で流麗な作風。代表作としては東大寺の阿弥陀如来立像など。

室町

室町以降は仏像の需要が増え、工房での大量生産が行われるようになった。江戸時代以降、円空や木喰など一部の個性的な仏師を除き、著名な作品は残っていない。

金剛力士像 阿形像
（東大寺所蔵）

各部の名称

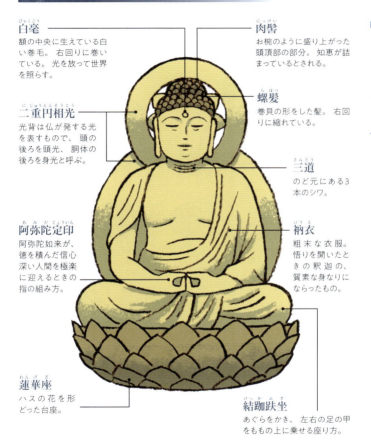

白毫（びゃくごう）
額の中央に生えている白い巻毛。右回りに巻いている。光を放って世界を照らす。

肉髻（にっけい）
お椀のように盛り上がった頭頂部の部分。知恵が詰まっているとされる。

二重円相光（にじゅうえんそうこう）
光背は仏が発する光を表すもので、頭の後ろを頭光、胴体の後ろを身光と呼ぶ。

螺髪（らはつ）
巻貝の形をした髪。右回りに縮れている。

三道（さんどう）
のど元にある3本のシワ。

阿弥陀定印（あみだじょういん）
阿弥陀如来が、徳を積んだ信心深い人間を極楽に迎えるときの指の組み方。

衲衣（のうえ）
粗末な衣服。悟りを開いたときの釈迦の、質素な身なりにならったもの。

蓮華座（れんげざ）
ハスの花を形どった台座。

結跏趺坐（けっかふざ）
あぐらをかき、左右の足の甲をももの上に乗せる座り方。

仏像は4種類（次ページ参照）に大別でき、それぞれ特徴が異なります。如来（上図は阿弥陀如来）は、渦巻状の髪や粗末な衣類など、釈迦の姿をそのまま写したもの。光背や台座、印相、持物などは、仏像によって決まっています。

分 類

仏像は、「如来」「菩薩」「明王」「天部」の4種類に分けられます。

如来

大日如来坐像

仏教の最高位にある存在。現世の人を救うために現れた釈迦如来や、極楽浄土に住み、人々を極楽に迎えてくれる阿弥陀如来、病気を癒してくれる薬師如来など。密教における絶対的存在である大日如来は、如来の中で例外的に華麗な姿。

明王

人々を教え導き、改心させる役を担っています。不動明王や愛染明王など、いずれも憤怒の表情で剣や弓矢など「武器」を持っているのが特徴。華やかな衣装に装飾品をまとっています。

不動明王立像

第4章 芸術

菩薩

聖観音立像

悟りを開くために、如来のもとで修行をしながら人々を救っています。まだ修行中なので現世の優美な姿をしています。
十一面観音や千手観音など33の姿に変化する観音菩薩のほか、弥勒菩薩（みろくぼさつ）や地蔵菩薩など、それぞれ個性的です。

天部

吉祥天

バラモン教やヒンドゥー教の神々を仏教に取り入れたもの。仏教を守る神としての役割を果たしています。
四天王や金剛力士、阿修羅（あしゅら）など武将姿の仏像の他、吉祥天（きっしょうてん）や弁財天（べんざいてん）のような美しい女神など、多種多様。

水、石、植物を用いて自然の景色を表す
日本庭園(にほんていえん)

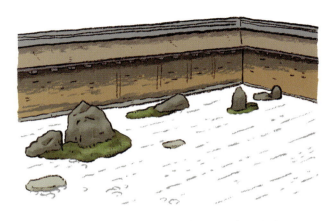

　日本最初の庭園ができたのは飛鳥時代。朝鮮半島の百済から渡来した技術者によって作られました。奈良時代には中国(唐)の影響を受けた庭園が誕生。曲線的な池、自然石を用いた石組み、松や梅の植栽など、現在まで続く日本庭園の必須要素がすでに盛り込まれていたことが発掘調査でわかっています。

　平安時代には、寝殿造庭園について書かれた庭作りの理論書・『作庭記(さくていき)』が誕生。石や木、泉や遣水(やりみず)などの扱いを詳しく述べ、元々の自然の景色を考えて作るべきだとしています。

　その後、住居が書院造に変わると庭園も変化し、枯山水(かれさんすい)や露地(ろじ)など日本独特の庭園様式が生まれました。

　様式は時代によってさまざまですが、共通するのは水、石、植物などの素材を用いて自然の景色を表現するものであること。人工美に価値を見出すヨーロッパやイスラム圏の、左右対称の庭園とは大きく異なる特徴です。

構成要素

第4章 芸術

植栽

最も重要な庭木とされた松をはじめ、梅や桜、カエデなど花や紅葉を楽しめるものまで、さまざま。景観を維持するためには手入れが欠かせない。

景物

石を加工した石灯籠や手水鉢（ちょうずばち）は、茶室に伴う庭園・露地を構成する必須要素。桃山時代に露地が誕生して以降、日本庭園に不可欠な構成要素となった。

石

平安時代から庭園の景観の最も重要な要素とされた。自然石を使い、単独あるいは組み合わせて配置する。

水

池が作られたのは飛鳥時代から。鑑賞するだけでなく船遊びを楽しむなどさまざまに用いられた。自然のせせらぎをモデルにした遣水や滝なども。

歴 史

| 飛鳥 | 朝鮮半島から人工的な「庭園」という考え方がもたらされる。 |

| 奈良 | 中国（唐）の庭園をもとにアレンジした庭が平城京で作られる。
→「日本庭園」の基盤 |

> **池庭（いけにわ）** 池を伴った庭園の総称で、歴史も古く日本庭園の主流

| 平安 | 貴族の居宅である寝殿造に付随して作られた「寝殿造庭園」が盛んになる。また、仏教の浄土思想に基づいた「浄土式庭園」が築造された。池に蓮を植えるなど、極楽浄土のイメージを再現している。 |

| 鎌倉 | 禅宗の思想が庭園にも影響を与える。
→ 室町以降、枯山水に発展 |

> **枯山水** 水を用いず、石や砂などで自然の景観を再現したもの

| 室町 | 住居様式の変化により、書院造庭園が生まれる。書院造庭園は書院に座った位置から庭を眺めることを前提に築造された座観式庭園の一種。 |

| 安土桃山 | 戦国の気風を反映して、豪華さを追求した庭園が生まれる。一方、千利休が茶を大成。茶の思想は庭に「露地」という形態を生む。 |

> **露地** 茶室まわりの庭園。茶の世界観を具現化したもの

| 江戸 | 大名屋敷を中心に、回遊式庭園（順路に沿って鑑賞するタイプの庭）が作られるようになる。 |

平等院

平安時代、極楽往生を願う藤原頼通によって作られた浄土式庭園。阿弥陀如来は西方の極楽浄土に住んでいるとされる。池の西側に阿弥陀堂を作って阿弥陀如来像を配置。池の東から拝んだ。

(写真提供／平等院)

天龍寺

鎌倉時代の禅僧・夢窓疎石(むそうそせき)の作った庭園。禅の本質を表現したとされ、曹源池(そうげんち)と龍門瀑(りゅうもんばく:写真)の景色は、日本庭園史上の1つの頂点を示すといわれる。大方丈から眺める曹源池は座観式庭園の先駆けでもある。

(写真提供／天龍寺)

六義園

元禄時代、柳沢吉保によって作られた典型的な池泉回遊式大名庭園。和歌に詠まれた88の景勝を再現した他、池や築山、滝、渓流などさまざまな要素で構成され、回遊することで変化する風景が楽しめる。

仮名文字の誕生によって独自の発展を遂げた
書(しょ)

　原初、日本には文字がありませんでした。やがて、中国から漢字が伝わると、1音に1漢字を当てて表記する「万葉仮名」が考え出されます。仏教伝来とともに写経が盛んに行われ、王羲之(おうぎし)をはじめとする中国の書が手本とされました。

　遣唐使廃止後は、日本独特の流麗な「和様(わよう)」書法が誕生。「万葉仮名」が整理され、カタカナとひらがなが完成しました。

　鎌倉時代になると、中国から渡来した禅宗の僧が、宋や元の書法を伝えました。江戸時代には、明の書法を中心とする「唐様(からよう)」が文人の間で大ブームとなります。和様では、御家流(おいえりゅう)が幕府や朝廷、諸藩の公文書に用いられ、寺子屋でも教えられて他流を圧倒しました。明治時代には、公文書や学校教育に唐様が採用され、御家流は衰退します。

　最近では、流派に縛られない、自由で個性的な書が数多く生み出されています。

歴 史

古墳	中国から漢字が伝来。江田船山古墳（熊本県）から出土した大刀銘などから、5世紀半ばには漢字の使用が始まっていたと考えられている。
飛鳥〜奈良	仏教伝来とともに写経が行われる。聖徳太子が記したとされる『法華義疏』は最古の肉筆書（615年成立）。その後、聖武天皇が写経を国家的事業に。王羲之の書が伝わり、以後、一貫して尊重された。 日本語の音に漢字を当てて表記する万葉仮名が生まれ、『万葉集』が編纂される。
平安	平安初期に能書として知られたのが嵯峨天皇、空海（弘法大師）、橘逸勢の3人。「三筆」と呼ばれる。 万葉仮名が簡略化されて「カタカナ」、万葉仮名を書き崩して「ひらがな」が誕生。 「絹本著色弘法大師画像」（広島市所蔵） 小野道風が王羲之の書をもとに日本風の流麗な書を生み出す。 →「和様」の創始者 藤原行成が和様書風を完成。小野道風、藤原佐理、藤原行成は、後世「三蹟」と呼ばれる。 続け書きや散らし書きなどの技法が生まれた。『古今集』を書写した『高野切古今集』や、優雅な継ぎ紙で知られる『本願寺本三十六人集』などの傑作が作られた。

平安

「伊勢集断簡（石山切）」
（九州国立博物館所蔵）
撮影／小平忠生

鎌倉～室町

行成の書風を継ぐ世尊寺流や法性寺流、御家流など、和様に多くの流派が誕生。

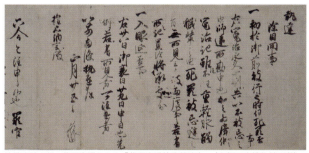

法性寺流の祖・藤原忠通による「藤原忠通筆書状案」。（京都国立博物館所蔵）

中国から禅僧が渡来、宋・元の書法を伝える。

江戸

和様の御家流が朝廷・幕府・諸藩の公文書に用いられた。また、寺子屋で手習いとして教えられるようにもなり、広く一般に普及。一方、江戸中期には宋・元・明を中心にした中国の書法が「唐様」として知識人の間でブームに。

楷書・行書・草書

| 楷 | 行 | 草 |

最も格調高く整った「真（楷書）」と、最もくずした破格の「草」、その中間の「行」という3つの格は、書だけでなく、茶の湯やいけばなにも用いられ、日本人の美意識の根幹をなす言葉となっています。

コラム　小野道風

小野妹子の子孫で祖父は小野篁と、名高い学問の家に生まれた道風。宮中の壁やふすまに書を書くなど、若い頃から書の名手としての才を高く買われていました。『古今著聞集』という説話集には、空海の書いた額の字を道風が手厳しく批判したという話が残されています。300年もあとに書かれたものなので真偽は不明ですが、相当な自信家だった

「小野道風肖像画」（愛知県春日井市・観音寺所蔵）

と思われていたことは間違いないようです。花札には、何度失敗してもめげずに柳の木に飛びつこうとするカエルを見て、自分も書の修業に励もうと決心する、健気な道風の姿も。没後何百年も逸話が語り継がれるのは、際立った能書だったからこそといえるでしょう。

コラム

着物(きもの)

　日本人の衣服は、布の真ん中に穴を開けた貫頭衣(かんとうい)から始まり、古墳時代には上着にスカートやズボンの組み合わせになりました。

　奈良時代、中国の宮廷装束そのままだったスタイルは、平安時代になると、十二単のような独特の重ね着様式になります。

　武士の時代となり、貴族の衣装が簡略化されていくなかで、表舞台に登場したのが小袖(こそで)。白の無地で袖口の狭い小袖は、元々庶民の日常着でした。貴族にとっては下着だった小袖が、以後、男女や身分を問わず、日本人の衣服の中心となり、今の着物の原型となったのです。

　安土桃山〜江戸期に染織の技術が向上したことで、贅(ぜい)を凝(こ)らした着物や帯が生み出され、大きく花開いた着物の文化。

　季節や年齢、既婚か未婚かなどによって、細かい決まり事がありましたが、最近では自由に楽しむ人が増えています。

第5章

行事

新しい年を祝い、1年の無事を祈る
正月(しょうがつ)

　1年の初め、無事に新しい年を迎えられたことを祝い、これからの1年が良い年となるように祈る行事。昔は年2回、正月とお盆に先祖の霊を迎えて祀る行事が行われましたが、仏教が盛んになって、お盆の主な目的が先祖供養になると、正月は※年神さまを迎えて五穀豊穣を祈る行事になりました。

　年末、門松を立ててしめ縄を張り、神棚や床の間に鏡もちを飾るのは、年神さまを迎えるため。かつては年神さまが訪れるのは大晦日の夜とされていたので、大晦日には除夜の鐘を聞きながら朝まで静かに過ごすことが一般的でした。

　夜が明けたら、元旦(元日の朝)。「あけましておめでとうございます」と、新年を祝うあいさつを交わします。三が日の間は、お屠蘇とお雑煮をいただくのが古くからの習わし。縁起物がぎっしり詰められたお節料理も正月の楽しみです。

※元日に各家を訪れ、その年の幸せをもたらすといわれている神さま。

正月飾り

しめ飾り

悪霊が入ってこないように神棚や玄関に張る魔除け。大根じめやごぼうじめ、輪飾りなどがあり、飾り方も地方により異なる。

門松

年神さまが宿る依代（よりしろ）。年神さまが訪れる際の目印となるよう、家の門口に立てる。平安時代末期は常緑の松だけだったが、次第に竹や梅も飾られるようになった。

鏡もち

年神さまへのお供えであり、依代。鏡のように丸いもちを大小2つ重ね、神棚や床の間に供える。三方の上に裏白（シダ）を敷き、橙（だいだい）や昆布、ゆずり葉などを載せて飾る。

正月の行事食

黒豆

「まめ（まじめ）に働き、まめ（健康）に暮らせるように」という願いを込める。

昆布巻き

よろ「こぶ」に加え、「子生」と書いて子孫繁栄、巻物の形から学業成就を願う。

栗きんとん

漢字では「金団」。黄金を表し、金運に恵まれるよう祈る。

おせち料理

神さまにお供えしたおさがりをいただくもの。縁起物を詰めて1年の幸せを祈る。

田作り

昔は田の肥料だった、片口イワシの稚魚。「五万米（ごまめ）」とも書いて五穀豊穣を願う。

お屠蘇

酒やみりんに屠蘇散（とそさん）を浸して作る薬用酒。邪気を払い、寿命を延ばすとされ、年少者から順に飲む。

お雑煮

もちを中心に野菜や魚介類などを入れた汁物。丸もちに角もち、すまし汁に白味噌に赤味噌と、地方によって内容が異なる。

初詣

兵庫県神戸市・湊川神社の初詣

拝礼の仕方

❶深いお辞儀（礼）を2回繰り返す［2礼］
❷両手を胸の高さで合わせて、右手を少し手前に引き、肩幅で両手を開いて拍手を2回打つ［2拍手（かしわで）］
❸両手を合わせて祈る
❹両手を下ろし、もう一度深くお辞儀（礼）をする［1礼］

※東京都神社庁のHPを参考に一部を加工して引用。
出雲大社や宇佐神宮は「二礼四拍手一礼」であるなど異なる場合もある。

コラム　初夢

　新年に初めて見る夢。いつの夢を初夢とするかは、元日の夜や2日の夜など諸説あります。「一富士二鷹三茄子（いちふじにたかさんなすび）」は初夢に見ると縁起が良いものを列挙した文句。宝船の絵を枕の下に敷いて寝るとめでたい夢が見られると信じられ、江戸の町では元日に宝船の絵を売り歩いたといいます。

季節の変わり目に災いを祓う
節分

　「節分」とは季節の変わり目のこと。立春、立夏、立秋、立冬の前日の意味で四季それぞれにありましたが、次第に2月3日頃、春を迎える前の日だけを指すようになりました。

　季節の変わり目には災いが忍び込みやすいもの。鬼が嫌がって逃げていくよう、ヒイラギの枝にイワシの頭を刺して門口や軒先に立てます。鬼を追い払うための豆まきは、平安時代から宮中で大晦日に行われていた年中行事、「鬼やらい」がルーツ。神社では毎年、年男（その年の干支に生まれた男）が「福は内、鬼は外」と唱えながら、炒った大豆をまきます。家庭ではお父さんが年男の役を務めることになっていました。

　近年、盛んになったのが「恵方巻き」の風習。その年の恵方（めでたい方角）を向いて、1本ののり巻きを切らずに丸ごと、無言で食べ終わるとご利益があるとされます。

歴史

飛鳥・奈良

中国より伝わった「大儺(たいな)」の風習が、文武天皇の頃の慶雲2(706)年に「追儺(鬼やらい)」という宮中行事に。悪疫を祓(はら)うための年中行事として大晦日の夜に盛大に行われた。方相氏(ほうそうし)という役人が黄金の4つ目の面をかぶり、矛と盾を持って悪鬼を追い払うというもの。一方、立春の前日である節分は、邪気を避けるために読経(どきょう)を行ったり、静かに家にこもったり(物忌み)する日だった。

平安

平安神宮(京都)で行われる「大儺之儀(だいなのぎ)」。平安時代に宮中で行われていた年中行事「追儺式」を再現している。写真中央が方相氏。(写真提供/平安神宮)

室町

追儺の行事は宮中から社寺に普及。旧暦では立春と正月が重なることが多かったため、追儺と節分が結びつき、節分の行事として「豆まき」が行われるようになった。「鬼は外、福は内」と唱えながら豆打ち(豆まき)をしたという記録も残っている。

江戸

江戸時代以降、庶民の間にも節分に豆まきをする風習が広まっていった。

「恵方果報乃入豆」歌川国芳(東京都立中央図書館特別文庫室所蔵)

豆まき

鬼の面

鬼は、邪気やもののけなど、人にたたりをする悪いものの象徴。豆をぶつけて追い払う。最近ではお父さんが鬼の役をすることも多いが、本来、お父さんは豆をまく年男の役だった。

豆

豆まきに使うのは炒った大豆。「鬼は外」と外の鬼に向かってぶつけるようにまき、鬼を退散させる。「福は内」と家の中にまいた豆は、あとで拾い集めて年の数だけ食べるのが昔ながらの風習。

節分のならわし

イワシとヒイラギ

節分の夜、焼いたイワシの頭をヒイラギの枝に刺して家の入口に飾る。鬼がヒイラギの葉の棘とイワシの悪臭を嫌って退散すると考えられていたためで、「イワシの頭も信心から」という言葉はここから。

恵方巻き

節分に食べると縁起がいいとされる太巻寿司。その年の恵方を向いて無言で丸かじりする。江戸時代、大坂の商家で行われていた風習だとされ、1970年代後半から全国に広まった。

コラム 旧暦って何？

旧暦とは、明治5（1872）年に太陽暦を採用する前の時代に使われていた太陰太陽暦のこと。月の満ち欠けを1カ月とする太陰暦では、1年が約354日となるので、約3年に1回、閏月を入れる必要がありました。季節もずれていくので、暦の上で季節を正しく示すために設けられたのが二十四節気。1太陽年を24等分して立春や春分、夏至などという名前をつけたものです。太陰暦に太陽暦の要素を取り入れた暦なので太陰太陽暦と呼ばれ、日本では飛鳥時代の昔から使われてきました。

女の子の健やかな成長と幸せを祈る
ひな祭り

　３月３日、女の子のいる家ではひな人形を飾り、白酒や菱もち、桃の花を供えて、女の子の健やかな成長と幸せを祈ります。上巳（３月３日のこと）の節句、桃の節句とも呼ばれます。

　古くから日本には、人形で体をなでて汚れや災いを移し、川に流す祓の風習がありました。祓と平安時代の貴族の子どもたちの遊びだった「ひいな遊び」が結び付いて、ひな祭りになったのは江戸時代。江戸時代半ばからは、年に一度の女の子のお祭りとして、庶民の間でも盛んに行われました。

　最近では男雛と女雛のお内裏さまだけのひな人形も多いですが、七段飾りではお内裏さまと三人官女、五人囃子に加え、箪笥や鏡台、茶道具なども並びます。宮中の婚礼を模したといわれるひな人形。調度品は嫁入り道具というわけです。

歴史

上賀茂神社（京都）で行われる「夏越大祓（なごしのおおはらえ）」。罪や穢れを移した人形（ひとがた）を水に流す。（写真提供／上賀茂神社）

飛鳥

ひな祭りのルーツは、古代中国で行われた上巳（3月3日）の行事。川で身を清めて不浄を祓い、宴を催したといわれる。もう1つのルーツが、古くから日本で行われていた「形代（かたしろ）」。人形で体をなでて汚れや災いを移し、川に流す風習は今もある。中国から上巳の行事が伝わると、2つが結びついて3月3日に宮中で行われるようになる。

奈良〜平安

宮中では人形を流すとともに、曲水の宴が催されるようになる。貴族たちは流れる水に盃を浮かべ、詩や歌を作って遊んだ。

「曲水宴屏風（部分）」（京都風俗資料館所蔵）

室町

上巳の節句の祓いに用いる人形は次第に立派になり、行事が終わっても流さないことも増えてきた。

江戸

上巳が五節句の1つとされた頃、上巳の行事と平安時代から貴族の子どもたちの遊びだった「ひいな遊び」が結びついてひな祭りになったとされる。江戸時代半ばには、3月3日に女の子の幸せを願ってひな人形を飾る風習が庶民の間に広まった。

ひな祭りの行事食

白酒

もち米やみりんなどを混ぜて作った、特有の香りのある酒。甘みが強く、白くトロリとして口当たりがいい。

草もち

香り高いヨモギで邪気を払う、ひな祭りのお供え物。平安時代には春の七草の1つであるゴギョウで作ったという。

ひなあられ

厄除けの5色の色で作ったあられ。うるち米を炒ってふくらませ、砂糖の蜜をまぶした関東風や、もち米を使ってエビや青のりで色をつけた塩・しょうゆ味の関西風など、地方によって異なる。

菱もち

紅・白・緑の3色のもちを菱形に切って重ねたもの。元々は菱の実を粉にしてもちにしたといわれる。大きさや色、重ね方については地方によってさまざま。

七段飾り

お内裏さま
天皇と皇后（お殿様とお姫様とも）を模した男女の雛人形。関東では男雛を向かって左に飾るが、関西は左を尊んだ昔の風習に従い、向かって右に飾る（天皇が左に座る）。

三人官女
向かって左から銚子、島台というご祝儀の飾り物、長柄銚子を持つ。島台でなく盃を載せた三方を持つ場合も。

五人囃子
向かって左から太鼓、大鼓、小鼓、笛、謡の役を受け持つ少年たち。能の地謡・囃子方を模したもので、雅楽の楽人の場合も。

随身
貴人の護衛役である2人。関西・関東とも左上位で、向かって右に位の高い老人を飾る。

右近の橘

左近の桜

嫁入道具揃
金の蒔絵で仕上げた漆塗りの調度品。向かって左から箪笥（たんす）、長持、鏡台、針箱、火鉢2個、表刺袋（うわざしぶくろ：衣服を入れる袋）、茶道具。

御輿入れ道具
向かって左から御駕籠、重箱、牛車。

仕丁
貴族に仕える下僕3人。向かって左から熊手を持った怒り上戸、ちりとりを持った泣き上戸、ほうきを持った笑い上戸。台笠、沓台、立傘の場合も。

桜の花の美しさを愛でる
お花見(はなみ)

　３月も半ばになると、テレビや新聞では「今年の開花予測」が話題になります。満開の桜の木の下で家族や仲間と一緒に楽しむお花見は、日本人にとって欠かせない春の行事です。

　寒さに耐えて花を咲かせる梅を尊んだ中国の影響で、古くは日本でも梅の花が好まれましたが、平安時代からは桜を詠んだ歌が梅を上回るようになり、花見といえば桜となりました。

　江戸時代には将軍吉宗が桜の植樹を推奨し、各地に花見の名所が生まれました。花のお江戸で庶民も花見を楽しんだ姿は、落語などにも描かれています。

　日本列島は南北に長く、３月下旬から５月上旬までの長期間、お花見が楽しめます。桜の散り際の見事さをたたえるようになったのは、武士道を道徳として強調するようになった明治以降。お花見は平和な時代にふさわしい娯楽です。

歴史

平安

日本で初めての花見とされるのが、嵯峨天皇が神泉苑で催した宴・「花宴の節」。弘仁3（812）年2月12日（太陽暦では4月1日）と『日本後紀』に記されている。

安土桃山

「醍醐の花見」は、秀吉が慶長3（1598）年3月15日（太陽暦では4月20日）に淀君や北政所をはじめ1300人を引き連れ、醍醐寺の三宝院で催したもの。600m余りの両側に700本の桜を植えさせ、茶屋なども作らせて、終日盛大に楽しんだ。

「紙本著色醍醐花見図屏風（部分）」（国立歴史民俗博物館所蔵）

江戸

八代将軍吉宗は庶民に楽しみを与えようと桜の植樹を進め、隅田川堤や御殿山、飛鳥山など江戸の各地に桜の名所が誕生。庶民も盛んに花見を行うようになり、酒宴を開き、花見だんごや桜もちなどを楽しんだ。

「御殿山の花見（部分）」歌川広重（東京都立中央図書館特別文庫室所蔵）。

第5章 行事

日本で見られる桜

日本は世界で最も桜の種類が多い国。とくに美しい花を咲かせる品種が多いことで知られます。古くから園芸品種も多く生み出され、その代表がソメイヨシノ。オオシマザクラとエドヒガンをかけ合わせてできた品種で、幕末の頃、江戸の染井村（現在の巣鴨・駒込周辺）から売り出されたことでその名前がつきました。

ソメイヨシノ

ヤマザクラ

エドヒガン

オオシマザクラ

お花見の行事食

桜もち

関西風。蒸した道明寺粉（もち米から作ったもの）であんを包み、塩漬けの桜の葉で巻いたもの。

関東風。薄く焼いた小麦粉の皮を2つ折りにしてあんを包み、塩漬けの桜の葉で巻いたもの。江戸向島の長命寺の門番が考案、門前で売り出したのが始まりという。

花見だんご

紅・白・緑の3色のだんごを串に刺したもの。江戸時代から花見の季節になると茶店で売り出され、「花よりだんご」のことわざも生まれた。

桜の名所

南北に長い日本列島では各地に桜の名所があります。ここに挙げたのは、その代表的なものです。

松前公園(北海道)
(写真提供／松前観光協会)

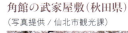

角館の武家屋敷(秋田県)
(写真提供／仙北市観光課)

上野公園(東京都)
(写真提供／台東区)

岡崎公園(愛知県)
(写真提供／岡崎市観光協会)

吉野山(奈良県)
(写真提供／吉野町役場)

岡城跡(大分県)
(写真提供／竹田市商工観光課)

男の子の健やかな成長と幸せを祈る
端午の節句

　端午とは5月の最初の5日の意味。古代中国ではこの日、野山で薬草を摘んだり、菖蒲酒を飲んだりして邪気を祓う風習がありました。日本に伝わったのは奈良時代といわれます。

　5月5日には菖蒲を軒に吊るし、宮中の人々が菖蒲で作ったかずらを冠につけて災いを祓いました。端午の節会として弓を射る儀式などを盛んに行うになったのは平安時代。『枕草子』にも華やかな行事の様子が描かれています。

　武家社会になると、菖蒲の音が「尚武」に通じるということで、端午の節句は男子の節句となりました。五節句の1つとされた江戸時代以降、庶民の家でも武家を真似て武者人形や鯉のぼりを飾り、ちまきや柏もちを食べて、男の子の成長と立身出世を祈るようになりました。5月5日が「子どもの日」として国民の祝日になったのは、昭和23（1948）年以降です。

別名・菖蒲の節句

菖蒲が古来、邪気を祓うものとして用いられてきたのは、強い芳香を持つ薬草であることから。端午の節句には、菖蒲をかずらにしてかぶるだけでなく、家の軒に挿したり、葉や根を浸した菖蒲酒を飲んだり、菖蒲湯につかるなどの慣習がありました。平安時代には菖蒲合わせ（菖蒲の根の長さを比べる）、近世には菖蒲打ち（菖蒲を束ねて地面を叩き合う）という遊びが流行しました。

第5章 行事

菖蒲

軒菖蒲 (のきしょうぶ)
家の中に邪気が入らないようにするまじないで、菖蒲とよもぎを束ねて軒先に挿す。

菖蒲湯
厄を祓うため、菖蒲の葉や根を入れたお湯につかる風習。江戸時代から始まったといわれている。

「五節句ノ内　皐月（部分）」
歌川国貞（国立国会図書館所蔵）

「江戸砂子年中行事　端午之図」楊洲周延
（町田市立国際版画美術館所蔵）

鯉のぼり

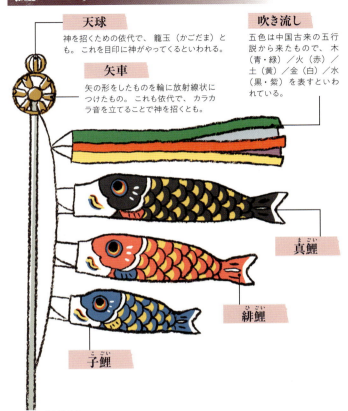

天球
神を招くための依代で、籠玉(かごだま)とも。これを目印に神がやってくるといわれる。

矢車
矢の形をしたものを輪に放射線状につけたもの。これも依代で、カラカラ音を立てることで神を招くとも。

吹き流し
五色は中国古来の五行説から来たもので、木(青・緑)／火(赤)／土(黄)／金(白)／水(黒・紫)を表すといわれている。

真鯉(まごい)

緋鯉(ひごい)

子鯉(こごい)

武家の旗指物(はたさしもの)(戦場で目印とした小旗)や吹き流しの代わりに、町人たちが立てたのが鯉のぼり。鯉の滝登り伝説にあやかって、男児の立身出世を願ったもので、武家でも次第に鯉のぼりが主流になっていきました。江戸時代は黒い真鯉(まごい)だけで、赤い緋鯉(ひごい)が現れたのは明治時代から。童謡「こいのぼり」では緋鯉は子どもたちとされています。子鯉(こごい)が追加されて緋鯉がお母さん鯉になったのは昭和40年代頃といわれ、最近では子どもの人数と同数の鯉を飾る家庭も増えてきました。

端午の節句の飾りもの

飾り兜

古くは菖蒲で作った兜だったが、後に厚紙で作るようになり、立派な飾り物も盛んになった。鎧（よろい）や飾り刀なども飾る。

武者人形

金太郎や鍾馗（しょうき：中国の疫病除けの神）、源義経、加藤清正など勇ましい英雄豪傑を人形にしたもので、五月人形とも呼ばれる。

コラム　ちまきと柏もち

　端午の節句にちまきを食べる風習は、紀元前3世紀頃の中国から。川に身を投げた屈原を弔うため、命日の5月5日にもちを川に投げたことが起源とされます。今は笹の葉ですが、古くは霊力があると信じられていた茅の葉で巻いたことから「茅巻き」の名前がつきました。一方、柏もちは江戸時代半ば以降に江戸で生まれたとされます。柏の木は新芽が出なければ古い葉が落ちないことから、子孫繁栄の縁起物として武家で喜ばれ、端午の節句に食べられるようになったそうです。

織姫と彦星が出会う日、星に願いを

七夕(たなばた)

　織物の得意な織姫(織女星)と働き者の牛飼い・彦星(牽牛星)は結婚した途端、遊び暮らすようになり、怒った天帝に引き離されてしまいます。1年に一度だけ、2人が会うことを許されたのが7月7日——古代中国で生まれた七夕伝説です。

　中国では古くから7月7日に裁縫や技芸の上達を祈る「乞巧奠(きっこうでん)」という行事も行われていました。奈良時代に七夕伝説とともに日本に伝わると、宮中では7月7日の夜、供え物をして裁縫や技芸の上達を祈る行事を行うようになりました。

　願い事を書いた短冊や飾り物を笹竹に吊るす風習ができたのは、七夕が五節句の1つとされた江戸時代。庶民の間でも広く行われた様子が浮世絵に数多く描かれています。

　明治以降は学校行事に取り入れられ、七夕は子どもたちが願い事を書いて笹に吊るす行事となりました。

歴 史

第5章 行事

奈良

織女星と牽牛星の七夕伝説と、織女星に裁縫や技芸の上達を祈る行事「乞巧奠」が中国から伝来。古くから日本にあった棚機つ女（はたを織る女）の習俗と結びついて、七夕を「たなばた」と呼ぶようになったといわれる。7月7日は宮中の節日として七夕の宴が行われた。

平安

貴族の間で行われた乞巧奠の行事では、梶の葉に歌を書いて歌がうまくなるよう願った。

「乞巧奠」の飾り。（写真提供／大宮八幡宮）

梶の葉

紙の原料にも使われる梶の葉。七夕で使われたのは、裏に細かい毛が生えていて墨のノリがよかったからといわれる。

江戸

七夕の行事が庶民の間で広く行われるようになったのは、江戸時代。とくに江戸市中では盛んで、笹売りから買い求めた笹を家ごとに飾った。寺子屋で学ぶ手習いの上達を願って、短冊に願い事を書いて吊るしたという。七夕の「七」にこだわって、7枚の梶の葉に7種の歌を書く風習もあった。

「豊歳五節句遊（七夕）」三代歌川豊国（国会図書館所蔵）

七夕飾り

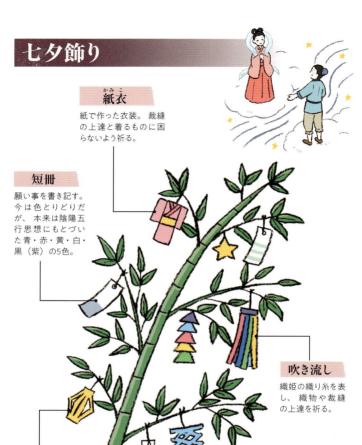

紙衣(かみこ)
紙で作った衣装。裁縫の上達と着るものに困らないよう祈る。

短冊
願い事を書き記す。今は色とりどりだが、本来は陰陽五行思想にもとづいた青・赤・黄・白・黒（紫）の5色。

吹き流し
織姫の織り糸を表し、織物や裁縫の上達を祈る。

提灯
心を明るくするようにとの願いが込められているという。

網飾り
魚を捕る漁網。豊漁を祈る。

七夕祭り

七夕は、先祖の霊を迎えて祀るお盆の前に、汚れを祓い身を清める行事でもあったといわれます。七夕飾りをいつまでも家に置いておいてはいけないとされますが、昔は七夕送り(七夕流し)といって、七夕の翌日に七夕飾りやお供え物を水に流す風習がありました。青森のねぶた祭りや秋田の竿燈祭りなどは、今も禊の行事としての姿を残している七夕祭りなのです。

日本3大七夕祭り

仙台七夕まつり (宮城県仙台市)	伊達政宗の頃からの歴史を誇る。開催は8月6、7、8の3日間で、3000本超の笹飾りは毎年更新される。
湘南ひらつか七夕まつり (神奈川県平塚市)	昭和26(1951)年開始。約500本という竹飾りの豪華さが有名。7月に行われ、期日は年により異なる。
安城七夕まつり (愛知県安城市)	昭和29(1954)年開始。竹飾りの通りが日本一長いといわれる。8月第1週の週末。

※3大七夕祭りとして愛知県一宮市の「七夕まつり」を含めることもある。

コラム 索餅と素麺

金刀比羅宮(香川)で行われる「索餅祭り」。(写真提供/金刀比羅宮)

素麺の起源とされる索餅は、小麦粉を水で固めてねじり、ひもや縄の形にしたもの。奈良時代に中国から伝わり、宮中の儀式の際、天皇から下賜される食べ物でした。平安末期には、流行病から身を守るため、7月7日に食べる風習が中国から伝わります。やがて、今のような形の素麺が誕生すると、貴族や武士の間で7月7日に素麺を食べる風習が広まり、江戸時代には庶民もまじないとして食べるようになったそうです。

先祖の霊を迎えて祀り、供養する
お盆（盂蘭盆会）

　「盂蘭盆会」は餓鬼道で苦しんでいる死者を救うため、7月15日に行われる仏教行事です。飛鳥時代に日本に伝わり、聖武天皇の天平5（733）年からは宮中の仏事になりました。日本で古くから初秋に行われていた魂祭（祖先の霊を祀る行事）と結びつき、お盆＝祖先の霊を供養する仏事となったといわれます。

　現在も旧暦の7月に当たる8月13日から15日に行われることが多いお盆。一般的には13日にお墓に参り、迎え火をたいて先祖の霊を迎え（迎え盆）、15日に送り火をたいて霊を送ります（送り盆）。ただ、江戸時代まで送り盆は16日でしたし、今も京都の「大文字送り火」は16日の夜に行われています。

　お供え物などについても地域によってさまざまな風習があり、また、宗派によってもやり方が異なるため、お盆の行事は日本全国、千差万別です。

迎え盆

迎え火
盂蘭盆の最初の日の夕方、家の前でおがら（麻の茎）を燃やして先祖の霊を迎える。麦ワラや松、桜の皮を用いる地方も。

精霊馬（しょうりょううま）
キュウリの馬とナスの牛。帰ってくるときは馬で早く、戻るときは牛でゆっくりという意味があるとされているが、馬は乗るため、牛は荷物を乗せて行き来するためという説もある。

仏花（ぶっか）
お墓や盆棚（精霊棚）に飾る花。萩や桔梗、ほおずき、蓮の花など、花の種類は地方によって異なる。

盆提灯
先祖の霊が迷わないよう灯すとされる。吊り提灯や置き提灯、あるいは灯籠（とうろう）などいろいろで、亡くなった人の初めての盆のときには真っ白な提灯を使う。

お供え

霊供膳は霊前に供える食べ物（精進料理）。浄土真宗は供えないなど、宗派によって異なります（イラストは曹洞宗・臨済宗の並べ方）。
精霊棚は、盆の間、先祖の霊を迎えるために臨時に設ける祭壇。

霊供膳
※仏壇に箸を向けて置く。

高杯
漬物など。

平椀
煮物など。

壺椀
あえものや煮豆など。

親椀
ご飯。こんもり丸く盛る。

汁椀
吸い物・味噌汁。

精霊棚

ほおずき
丸い形から提灯に見立てているとも。迎え火や盆提灯と同じ役割。

笹竹と草縄
神聖な場所であることを示す結界を作るといわれる。

真菰
真菰の葉で作ったむしろを敷く。真菰には霊力があると信じられ、お釈迦さまが真菰のむしろに病人を寝かせ、治療に役立てたという話も有名。

果物
季節のものを供える。

水の子
ナスやキュウリを賽の目に切り、米とともに水に浸けたもの。あの世で飢えに苦しんでいる人のための食べ物。蓮の葉に載せることも。

閼伽水
仏に供える水。禊萩（みそはぎ：盆花ともいう）の花で閼伽水を水の子にふりかけるのは食べ物を無限に増量させるためとか。

送り盆

送り火

盂蘭盆の最後の日の夜、祖先の霊を送るために燃やす火。8月16日の夜に点じられる京都の大文字送り火（五山送り火）もその1つ。

盆踊り

お盆に招かれて帰ってくる精霊を迎え、慰め、送り出すためのものとされ、本来は盆の間に行われた。

精霊流し

先祖の霊を送るための行事。川や海に灯籠を流したり、精霊船にお盆のお供え物を乗せて流したりする。

第5章 行事

月を鑑賞し、実りの秋を祝う

お月見

　古くから月は鑑賞の対象とされてきましたが、なかでも中秋の名月（十五夜）は特別な意味を持っています。中秋とは旧暦8月15日のこと。中国では唐の時代から中秋節が行われてきました。平安時代、日本でも中秋の夜になると、貴族たちは池に舟を浮かべて月を愛でる宴を催しました。ちょうどこの頃は収穫の時期。とれたての新米でだんごを作り、里芋などを供えることから、中秋の名月は芋名月とも呼ばれました。

　中国伝来の十五夜に対し、日本で生まれたお月見が十三夜。旧暦の9月13日に行う行事で、後の月といいます。中秋の月見をして十三夜の月見をしないことを、片月見と呼んで嫌う風習もありました。十三夜は、その頃にとれる大豆や栗を供えることから、豆名月・栗名月とも呼ばれます。十五夜も十三夜も、庶民にとってのお月見は収穫祭だったのです。

お月見のお供え

中秋の名月（十五夜）

旧暦では 15 日の夜は必ず満月となる。中秋とは 8 月 15 日のことで「月々に月見る月は多けれど、月見る月はこの月の月」と称えられた。9 月の十三夜の月を見る風習もあり、「後の月」と呼ばれた。

ススキ

ススキは神が宿る依代。稲穂の姿に見立て、米の豊作を祈るお供え物となったともいわれている。ススキ以外の秋の七草（萩、葛、撫子、女郎花、藤袴、桔梗）もお月見のお供えとしてポピュラー。

月見だんご

米の粉をこねて丸めただんご。十五夜にちなんで 15 個盛るところが多いが、月の数の 12 個（旧暦で閏月のある年は 13 個）という地方も。盛り方も下から 9、4、2 や 8、4、2、1 など諸説ある。十五夜には他にもその頃に収穫する里芋を煮ころがしやきぬかつぎにして供える。

三方（さんぼう）

神へのお供えを載せる台。折敷（お盆）と丸い穴を三方に開けた胴部からなる。胴に穴のない方が前、お盆の部分に継ぎ目のある方が後ろなので、お月さまに継ぎ目が見えないように置くのが正解。

月の呼び名（満ち欠け）

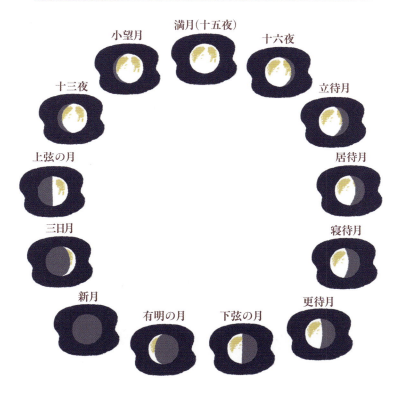

昔の人々は欠けたところのない満月＝望月だけでなく、その前後の月を見るのも楽しみました。14日の月は小望月。翌日の十五夜を待つという意味で待宵の月とも呼ばれます。十六夜は、月の出が十五夜より少し遅くなることから、月がためらっていると見立てた呼び名。17日は立って待っている間に出るから立待月、18日は座って待つ間に出るから居待月、19日は寝て待つので寝待月、夜10時頃にならないと出ない20日の月は更待月と、それぞれ優雅な名前がつけられています。

月の名所

松島(宮城県)
古くから月の名所として知られ、伊達政宗ゆかりの観瀾亭は月見御殿とも呼ばれた。松尾芭蕉の『おくのほそ道』の冒頭、「松島の月まづ心にかかりて」も有名。
(写真提供／松島観光協会)

姨捨棚田(長野県)
姨捨伝説で知られる姨捨山は、月の名所としても有名で、『古今和歌集』にも姨捨の月を詠んだ歌が残されている。棚田が生まれた中世以降、「田毎の月」は広く知られ、歌川広重なども描いている。
(写真提供／長野県観光機構)

大沢池(京都府)
平安時代初期、嵯峨天皇によって作られた離宮嵯峨院(現在の大覚寺)。その庭園に作られたのが大沢池。嵯峨天皇は中秋の名月に舟を浮かべ、貴族たちと月見の宴を催したという。
(写真提供／大覚寺)

桂浜(高知県)
「月の名所は桂浜」という言葉は、江戸時代から歌われてきた土佐の民謡「よさこい節」の中の一節。桂浜では毎年、中秋の名月に「桂浜観月会」が催されている。

子どもたちの成長を祝う
七五三(しちごさん)

　11月15日には、3歳・5歳・7歳を迎えた子どもたちが晴れ着を着て神社にお参りする姿が見られます。神社では厄除けのお祓いをしてもらったり、千歳飴を買ってもらって記念撮影をしたりします。

　七五三のルーツは、中世末期から宮中や武家で行われていた「髪置き」「袴着」「帯解き」の儀式。江戸時代から男の子は3歳と5歳、女の子は3歳と7歳の年齢に祝うようになりました。昔は「7歳までは神の子」といわれたほど幼児の死亡率が高かったので、無事に育ったことを節目節目で祝い、それ以降の健やかな成長を祈ったのです。

　七五三が11月15日となったのは、この日が万事に大吉とされる日だったからですが、最近は15日前後の休日に祝うことが多く、北国だと寒さを避けて10月に行うこともあります。

歴 史

平安

貴族の間で、幼児に初めて袴をはかせる儀式「袴着」が行われた。男女の区別なく、3歳から7歳までの間の良い日を選んで行われたといわれる。

鎌倉～室町

袴着が武士の間にも普及。「髪置き」も、この頃に行われるようになった。昔は、赤ん坊は男女とも頭をそっていて、髪を伸ばし始めるときに行った儀式が髪置き。3歳になると絹糸で作った白髪の鬘をかぶせ、白髪になるまで長生きするように祈った。中世末期には、貴族の間で付けひものついた着物をやめて、初めて帯を結ぶ「帯解き」が行われるようになる。年齢については諸説あるが、男女とも11月の吉日に行ったといわれている。

「髪置き」の儀式。「儀式風俗図絵」巌 如春（金沢大学附属図書館所蔵）

「袴着」の儀式。「儀式風俗図絵」巌 如春（金沢大学附属図書館所蔵）

第5章 行事

3歳になると、男女とも「髪置き」の儀式を行い、男の子が5歳になると「袴着」、女の子が7歳になると「帯解き」の儀式を行うように。11月15日に決まったのは、三代将軍家光から、あるいは五代将軍綱吉からなど諸説ある。

江戸

「七五三祝ひの図」三代歌川豊国（国立国会図書館所蔵）

お宮参り

7歳　　3歳　　5歳

千歳飴

袋には何が描かれている?
長寿の象徴である鶴亀や無病と健康を祈る松竹梅、めでたい高砂の尉（じょう）と姥（うば）など。

起源は?
元和元（1615）年に大坂の平野甚左衛門が江戸で売り出したのが始まりという説と、元禄・宝永年間（1688～1711）に浅草の飴売り七兵衛が売った飴が起源とする説がある。

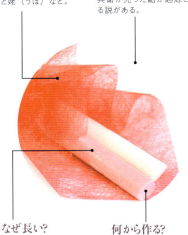

江戸時代後期の随筆に描かれている浅草の飴売り。七兵衛という飴売りが千歳飴（せんざいあめ）という飴を売り出したという。「還魂紙料」柳亭種彦（国立国会図書館所蔵）

なぜ長い?
子どもの長寿を祈るため。

何から作る?
原料は砂糖と水飴。最近ではバターやミルクを入れたものも多い。

コラム　子どもの成長を祝う各地の行事

　鹿児島県には1月7日に数え7歳の男女が神社に詣で、7軒の家を回って七草がゆをもらう「七草祝い」という行事があります。新潟県十日町の「七ツ詣り」は、5月8日に数えで7歳の男の子が標高360mの山頂にある松苧神社（まつおじんじゃ）へ初登山して参拝するという行事。熊本県では七五三に加え、数え4歳の男女が「ひも解き（と）」の儀式を行うとか。各地さまざまです。

コラム

花火(はなび)

　夕暮れ時、浴衣姿で花火見物に出かけるのは、暑い日本の夏ならではの楽しみでしょう。花火は、古代中国で発明された火薬から生まれた、素敵な副産物です。日本には鉄砲とともに伝えられ、平和な世になると人気が高まりました。慶長18(1613)年には徳川家康が中国人技師の打ち上げた花火を見物したという記録が残っています。

　前年大流行したコレラによる死者の慰霊(いれい)と悪疫(あくえき)退散のため、享保(きょうほう)18(1733)年5月28日、両国で水神祭(すいじんさい)が行われ、花火が打ち上げられました。大川(隅田川)の川開きに花火が恒例となったのはこれ以降。8月28日までの納涼期間中は、納涼舟から花火を楽しむ川遊びも盛んに行われ、「玉屋(たまや)〜」「鍵屋(かぎや)〜」とひいきの花火師にかけ声をかけました。

　暗い赤橙色(あかだいだいいろ)だけだった花火が彩り豊かになったのは明治以降。完全な球形を描く日本の花火は世界一といわれています。

第 6 章 武道

勝負の面白さを盛り上げる江戸情緒
相撲(すもう)

　日本の国技とされる相撲。記紀神話に記された2つの力比べの物語が、相撲のルーツといわれています。宮中では、奈良時代から諸国の力自慢を集め、五穀豊穣を祈って相撲を取らせ、やがて「相撲の節会(せちえ)」という年中行事になりました。

　武士の時代になると、相撲は戦いのために修練すべき技術の1つとなります。将軍や大名たちは観覧相撲を行い、勝者を召し抱えました。江戸時代に盛んになったのが、寺社の修理や建造を名目とした勧進(かんじん)相撲。次第に興行として定期的に開催されるようになり、これが現在の大相撲の原型になります。

　「相手を土俵から出すか、相手の足の裏以外の一部を土俵につけると勝ち」と、相撲のルールはいたって簡単。勝負は立ち合いの一瞬で決まることが多く、独特のスピード感が観客を魅了します。力士や行司、呼び出しなど、江戸時代そのままの姿も、相撲の醍醐味です。

歴 史

「芳年武者无類　野見宿祢・当麻蹴速」
月岡芳年（国立国会図書館所蔵）

古墳

『日本書紀』によれば、垂仁天皇の時代に、出雲の国の野見宿禰と、大和の国の当麻蹴速が力比べを行った。これが相撲のルーツだといわれている。『古事記』の建御雷神と建御名方神の力比べを相撲の起源とする説も。

奈良～平安

作物の豊作を祈る宮中行事として行われていた相撲が、やがて公式行事「相撲の節会」となり、400年以上続くことになる。相撲の節会は作物の豊作を祈る行事であると同時に、諸国から強者を集めて戦わせる武芸大会でもあった。優れた相撲人は武官として宮廷に召し抱えられた。

鎌倉～安土桃山

神仏に奉納するために寺社の境内で行われた「奉納相撲」が全国的に盛んになった。

相撲は武士たちの修練すべき戦闘技術の1つとなる。戦国大名たちは相撲見物を好み、好成績をあげると召し抱えた。織田信長も毎年、全国の強者を集めて安土城内で上覧試合を行った。

江戸

「勧進相撲（寺社の修繕・建築費用を捻出するための興行）」が定期的に行われるようになり、一流の相撲取りは諸藩お抱えに。

幕府により何度か勧進相撲禁止令が出されたが、寛保2（1742）年、江戸での勧進相撲が許可される。江戸・京・大坂の三都で定期興行が開催され、「大相撲」の興行体制が確立された。

力士・行司・土俵

力士

まげ
取り組みなど公式の場では髪を左右と下方に張り出させた「大銀杏」。普段はちょんまげ。

まわし
稽古まわし、締め込み、化粧まわしがあるが、締め込みと化粧まわしは十両以上しかつけられない。

行司

烏帽子
平安時代から成人男性が用いた袋状のかぶりもの。格付によってあごひもの色が異なる。

脇差
最高位の立行司だけが持ち、「軍配を差し違えたら（判定を誤ったら）切腹する」覚悟を示す。

軍配（軍配団扇）
制限時間いっぱいになったことを示したり、勝った力士の方に上げたりする。

相撲の世界は厳然たる格付け社会。力士は横綱から大関、関脇、小結、前頭までが幕内と呼ばれます。その下の十両までが関取。関取は大銀杏が結え、締め込みと土俵入りの際には化粧まわしをつけられます。幕下以下は給料ももらえません。

幕内は最大42名までと決まっていて、毎場所、番付は上下しますが、最高位の横綱だけはふさわしい成績が残せなければ引退。「綱（横綱が締める太いしめ縄）を締める」には覚悟が必要なのです。

行司の主な仕事は、取り組みの進行役。勝負が決まったとき判定をするので審判のように見えますが、最終的な判定は審判委員の仕事です。行司にも格付けがあり、軍配の房や烏帽子のあごひもの色が異なります。

土俵

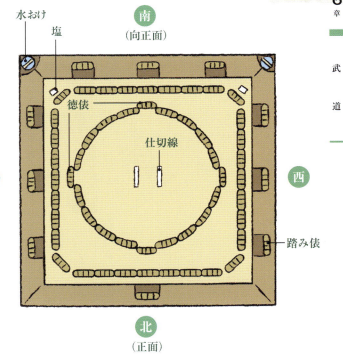

土俵が生まれたのは江戸時代半ば頃。それまでは観客が囲んで作る輪の中で相撲を取っていましたが、相撲人気が高まるにつれ、観客と力士の間に距離を設ける必要が出てきたからです。

仕切線ができたのは昭和になってから。ラジオ放送のために仕切に制限時間をつくらなければならなかったからですが、その結果、立ち合いの技術が進化したといわれます。

力水で口をゆすぐのは、汚れを洗い落とし、身を清めるため。塩をまくのは、神聖な土俵を清めるため。どちらも十両以上から。

武術から精神修養を重んじる武道へ
柔道(じゅうどう)

　戦場での一騎討ちの戦いである「組討ち」の技法が体系化されて生まれたのが、「柔術」。武器を持たず、相手の力を利用することによって勝つ武術として、江戸時代には広く人気を集め、さまざまな流派が生まれました。

　柔術を「柔道」に進化させたのが、嘉納治五郎(かのうじごろう)。少年時代、体の弱かった嘉納は、強くなるためにいくつかの流派を学んで武道の真髄を極めます。そして、明治15(1882)年に講道館を開き、「柔道」を作り上げました。柔道修行の目的は、身体を鍛錬して強健にし、精神の修養につとめて人格の完成をはかり、社会に貢献することである、という言葉を残しています。

　嘉納は海外への普及活動も積極的に行いました。今や世界中で人気の高いJUDO。柔道着のカラー化をはじめ、試合のルールなどが日本国内とは異なるケースも増えています。

歴 史

鎌倉〜安土桃山

相撲と同じく、記紀神話にある2つの力比べがルーツ。(相撲の項参照)

平安末期から武士が台頭すると、戦場での一騎打ちの戦いである「組討ち」の技術が進展。素手あるいは短い武器を使った戦いの技法として、室町時代から体系化されるようになる。

江戸

江戸時代になると、徒手空拳で戦う技法が大きな発展を遂げる。「柔術」「やわら」という呼び名が誕生、武芸十八般の1つとなる。関口新心流や起倒流など、さまざまな流派が生まれ、幕末には200を数えたという。

明治

万延元(1860)年、兵庫県で生まれた嘉納治五郎は、幼い頃から体が弱く、強くなりたいという願いから、天神真楊流柔術や起倒流柔術を学んだ。その後、古来より伝わる柔術のすぐれた部分に自ら工夫を加え、明治15(1882)年、「柔道(講道館柔道)」を確立する。

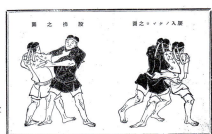

『天神真楊流柔術極意教授図解』
(国立国会図書館所蔵)

明治28(1895)年、京都に武道の奨励・教育を目的とした公的機関「大日本武徳会」が設立される。武徳会では、複数の流派で試合を行うために嘉納治五郎を中心に「統一規定」が定められた。
さらに、学校の科目に採用されたことから、柔道は一般に広く普及していく。

嘉納治五郎

技

投げ技の中の捨身技とは、自分の体を後ろや横に倒しながら投げる技のこと。固め技の中でもひじの関節を攻める技は危険なので、小中学生は禁止されています。

一本背負い投げ

手技の1つ。背負投げが変化したもので、相手の片腕をつかみ、かついだような状態から投げる。

大外刈り

足技の1つ。相手の右膝の裏の部分を、自分の右膝の裏の部分で外側から刈り上げて倒す。

コラム 柔よく剛を制す

　柔道の本質を表すときに使われる言葉。最も柔らかいものが最も硬（剛）いものを、最も弱いものが最も強いものを制するという老子の言葉から来ています。相手の動きを利用してバランスを崩し、タイミングよく技をかければ、小さな人が大きな人を投げ飛ばすことも可能なのです。

袈裟固め
抑え込み技の1つ。相手の首の後ろに右腕を回し、左脇に相手の右腕をはさみこんで抑え込む。

送襟絞め
右手で相手の左襟首をつかみ、左手で相手の下ばき（ズボン）の左膝をつかむ。腰を前に出しながら回るように動いて絞めていく。腰絞めと呼ばれることも。

腕ひしぎ十字固め
関節技の1つ。両足の太ももで相手の右腕を挟み込んで絞め、相手の右手首を両手でつかんで自分の胸に引きつけることで、ひじ関節を攻める。

帯の色と段

色	段級別	
紅（赤）	9〜10段	高段者
紅白	6〜8段	
黒	初段〜5段	成年
茶	1〜3級	
白	4〜5級　初心者	
茶	1級	少年
紫	2級	
緑	3級	
橙	4級	
黄	5級	
白	初心者	

有段者の印・黒帯は、明治20（1887）年頃、講道館で生まれたもの。その後、段級制度が整えられ、帯の色が増えました。女性の有段者は白線入りの黒帯でしたが、平成29（2017）年からは男女とも同じ黒帯に。黒帯より上の段位もありますが、昇段できる最少年齢が設定されているため、現役での取得は難しいようです。

沖縄で生まれた士族の護身術
空手(からて)

　素手で一撃のもとに相手を制す武術・空手は、琉球王国(現在の沖縄)で生まれました。士族の格闘術「ティー(手)」に、中国から伝わった拳法を取り入れ、素手で戦う「トゥーディー(唐手)」になったと言われます。ただ、師匠から弟子へ口伝で教えた秘術だったため、確かな歴史は不明です。

　本土で初めて「唐手」を披露したのは船越義珍(ふなこしぎちん)。大正11(1922)年、船越の演武を高く評価した嘉納治五郎(柔道の創始者)は、唐手の普及に協力を惜しみませんでした。その後、唐手は大学の学生たちの間で盛んになります。

　空手の特徴は、相手の攻撃から身を守るための護身術である点。「空手に先手なし」という言葉も有名です。試合には1対1で技を競い合う組手競技と、形(基本の型)の演武を行う形競技がありますが、形は必ず「受け(防御の姿勢)」から始めることになっています。

歴史

第6章 武道

～江戸

発祥は沖縄（琉球王国）。琉球士族の護身術が起源とされる。この武術は「ティー（手）」と呼ばれ、さらに中国拳法の要素を融合した「トゥーディー（唐手）」となる。→ 現在の空手の原型

門外不出の秘伝とされ、技や稽古の方法は師匠から弟子に口伝で継承された。そのため、確かな史料が残っていない。

唐手は王城のあった首里をはじめ、那覇と泊の3地域で盛んになる。その後、さまざまな流派が生み出されていく。

明治

維新後、"士族"がいなくなって衰退しかけるが、糸洲安恒（いとすあんこう）の働きかけで学校教育に唐手が導入される。→ 沖縄で普及が進む

大正

大正11（1922）年、沖縄の唐手家・船越義珍（松濤館流開祖）が、東京で行われた体育展覧会において唐手の演武を披露。本土の人々が唐手の存在を知るきっかけになる。

船越義珍

講道館柔道の始祖・嘉納治五郎の協力もあり、徐々に全国に広まっていく。

宮城長順（みやぎちょうじゅん）（剛柔流開祖）、摩文仁賢和（まぶにけんわ）（糸東流開祖）が関西の大学で、船越義珍とその弟子・大塚博紀（和道流開祖）は東京の大学で学生たちを指導 → 競技人口が増加

昭和

昭和10（1935）年頃、「唐手」の名称が「空手」と改められる。
※諸説あり

5種類の技

「突き」は拳を突き出して攻撃する技、「蹴り」は足を使った攻撃技、「受け」は防御技のこと。「打ち」は攻撃技、防御技の両方に使えます。「当て」にはひじ当てやひざ当てがあり、護身術として有効ですが、オリンピックの試合などでは禁止されています。

突き

握った拳で相手を突く。脇を締め、拳と手首が一直線になるように、一気に突き出す。

蹴り

足を使う、空手独特の技。前蹴りや後ろ蹴り、回し蹴りなどいろいろな技がある。

打ち

手の側面や拳の甲など、手のさまざまな部位を使う。打ったり、敵の攻撃を打ち払ったりする。

受け

相手の攻撃を受けたり払ったりする技。形競技＝演武は必ず受けから始める。

コラム　寸止め

空手には「寸止め」という言葉があります。当たる前に止めるというだけでなく、目標を相手の体の寸前に設定して、そこに最大の衝撃力が発揮されるよう力を制御しなければならないということなのだそうです。

ただ、現在は、防具をつけて直接打撃を与える競技を行う団体（フルコンタクト空手）もでき、世界で人気を広げています。

技を繰り出す部位

試合では使ってはいけない部位が決められていますが、空手は本来、体のあらゆる部分を攻防に使うのが特徴。手足が使えないときは頭、額、肩なども攻撃（防御）部位となります。

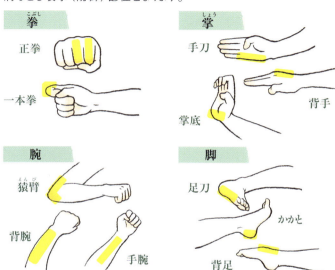

拳
- 正拳
- 一本拳

掌
- 手刀
- 背手
- 掌底

腕
- 猿臂（えんぴ）
- 背腕
- 手腕

脚
- 足刀
- かかと
- 背足

空手に先手なし

空手は相手の攻撃から身を守るためのもので、自ら攻撃をしかけるものではないという意味。船越義珍が残した、空手の精神を示す言葉です。「空手は礼に始まり、礼に終わることを忘れるな」など、船越は他にも空手の精神面を強調する言葉を多く残しています。

船越義珍顕彰碑（写真提供／沖縄空手案内センター）

剣の修練によって精神の成長を目指す
剣道(けんどう)

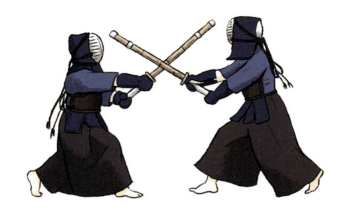

　剣道とは、竹刀で相手の決まった部位を打ったり突いたりして、勝敗を競う武道。必ず防具をつけて行います。

　折れにくく切れ味の鋭い日本刀が生まれたのは平安時代中期。武士の時代になると刀の需要は増えますが、当初は弓馬術のほうが重視されました。刀が戦いの主役となるのは徒歩戦が増えた室町時代後期からで、剣術の各流派もこの頃生まれました。

　刀が武士階級の象徴となったのは、豊臣政権による刀狩り以降。江戸時代には、剣術は心身の鍛練を図るものとして、武士教育の必須科目とされます。防具が考案され、18世紀半ばからは防具をつけた実戦的な稽古が行われるようになりました。

　明治時代に廃れかけましたが、警察や学校で「剣道」が採用されたことにより、復活。2012年度からは中学校で武道が必修化されました。剣道などの武道に取り組むことで、相手を尊重する気持ちを養うことができると考えられたからです。

歴史

平安〜鎌倉

日本独自の製法でつくられた刀、いわゆる日本刀が出現したのは平安中期。刀剣を用いる戦いの技術＝剣術が生まれる。

鎌倉時代、武家社会が成立すると、刀の需要が増加。これにより、製作技術が飛躍的に向上した。

室町

応仁の乱以降、世は乱世となり、剣術の各流派が生まれる。馬に乗って弓矢を使う戦いから徒歩戦に変わったため、刀も刃を下にして腰に吊るす「太刀」から、抜いたらすぐに斬れる「打刀」（刃を上にして腰に差すもの）へと変わる。

安土桃山

豊臣秀吉による刀狩りで、刀は武士階級だけのものとされる。

江戸

泰平の世となり、剣術は敵を殺すための技術から、己の人間性を鍛える技術へと変化。柳生宗矩は、その著書『兵法家伝書』で、1人の悪人を討つことで、大多数の人を助けて活かすという「活人剣」思想を打ち出した。

直心陰流・長沼四郎左衛門国郷は、それまで伝わっていた剣道具（防具）を改良し、実用化した。

さらに、宝暦年間（1751〜1764）、一刀流・中西忠蔵子武が、防具を用いた竹刀稽古を始め、以降、他流派にも防具が普及。武士階級以外にも剣術が広まる。
→ 現代剣道の源流

江戸時代の防具（写真提供／南会津町教育委員会）

明治

武士階級が消滅。明治9（1876）年の廃刀令で、剣術は次第に衰退した。しかし、警察や学校で「剣道」が採用されて、復活を遂げる。

五行の構え

中段の構え

上段の構え

脇構え

下段の構え

剣道の構えには5つあります。最も基本的な構えが、中段の構え。人の構えともいわれ、攻防ともに自在に変化できる構えです。上段の構えは天の構えともいい、上から威圧する攻撃的な構え。下段の構えは地の構えともいい、相手の動きに応じて変化する構えです。脇構えと八相の構えは、現在あまり使われません。

有効打突（一本）

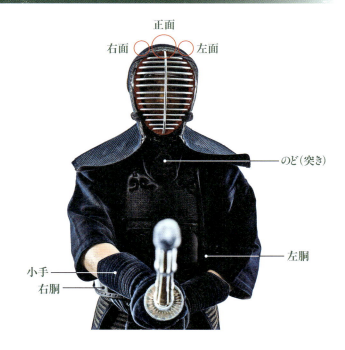

第6章 武道

竹刀で相手の面、小手、胴、のどの4カ所を、打つか突くかすることで決まる「一本」。審判規則では、有効打突（一本となる打突）は、「①充実した気勢、②適正な姿勢をもって、竹刀の打突部で打突部位を③刃筋正しく打突し、④残心あるものとする」とされています。①の「気勢」とは、相手を打ったり突いたりすると同時に発するかけ声のこと。「面」や「胴」のかけ声が十分でなければ、一本と認められません。②姿勢が崩れていたり、③正しい方向に力を集中できていなかったりする場合も×。打突のあとも気を抜かず、相手の攻撃に備えて身構える④「残心」があるかどうかも重要。「気剣体」の一致した打突が理想とされるのです。

勝ち負けを競わない「和」の武道
合気道（あいきどう）

　技は受け技のみ。攻撃してくる相手のひじや手首などの関節をひねることで攻撃を抑え込み、一瞬にして投げたり、抑えつけたりする合気道は、大正時代に植芝盛平によって始められました。

　10代の頃から柔術の各流派を学んだ植芝は、なかでも大東流柔術の武田惣角に大きな影響を受けました。しかし、植芝は、勝ち負けを争う武術に次第に疑問を抱き始めます。大本教の出口王仁三郎に出会ったのをきっかけに、植芝は精神修養に打ち込むように。自身の生み出した武道を正式に「合気道」と名付けたのは、昭和17（1942）年のことです。

　勝ち負けを争わない合気道は、試合を行わないのが特徴。演武は「受け（技を受ける側）」と「取り（技をかける側）」の2人で行いますが、採点はしません。優劣を決めない点が、他の武道とは大きく異なるところです。

歴 史

～江戸

合気道のルーツは柔術（→柔道の項を参照）だとされている。柔術は、素手あるいは短い武器を使った戦いの技法として、室町時代以降、体系化された武術。殺傷を目的にするのではなく、攻撃を封じたり、身を守ることに重きが置かれていることが多い。

明治

明治16（1883）年、合気道の開祖・植芝盛平が生まれる。天神真楊流（てんじんしんようりゅう）や起倒流（きとうりゅう）、柳生心眼流（やぎゅうしんがんりゅう）など、さまざまな武術を学ぶ。なかでも大東流柔術の武田惣角に大きな影響を受け、のちに合気道を生み出すきっかけとなったといわれる。

植芝盛平

柳生心眼流兵法の甲冑術（写真提供／柳生心眼流兵法 柳正館）

大正

植芝は大正8（1919）年、大本教の出口王仁三郎に出会い、「真の武」を求めて精神修養に打ち込む。翌年、京都府綾部市で修行道場植芝塾を開設。大正11（1922）年より、自身の武道の真髄を「合気」と呼ぶようになる。

昭和

昭和6（1931）年、東京新宿区若松町に専門道場「皇武館」を開設。

昭和17（1942）年、植芝は、自身が生み出した武道を正式に「合気道」と名付ける。

合気道の基本思想

円転の理

合気道は、動きも技法もすべてが円運動の連鎖から成り立っています。「押さば引け」ではなく、「押さば回れ、引かば回りつつ入れ」。相手に対して逆らわず、丸く回っていくことによって相手の力をそらし、制することができるのです。

入り身の理

相手とすれ違うときに生じる力を利用して、相手を制すること。相手が正面から攻撃してきたときに、相手の側面の死角に入れば、相手の進む力を逆用して致命的打撃が与えられるといいます。

気

合気道では、体の重心である「臍下丹田」をしっかり押さえ、呼吸を整えることが重要とされます。「自分の中心が地球の中心と結びついていて微動だにしない。そうした安定した状態から『気』というものが出てくるわけである」(『規範合気道 基本編』)。

臍下丹田

臍の下、約9cm余りのところ。心身の精気の集まるところとされ、武道ではここに意識を集中することが重視される。

基本の技

一教

手刀を振りかぶった相手の動きに合わせ、相手のひじを中心に返して崩し、うつ伏せに抑える。

入り身投げ

手刀を振りかぶった相手の右側面に入り込み、相手の手刀と首を制して体勢を崩し、投げる。

四方投げ

相手が自分の手首をつかんだら、もう片方の手で相手の手首をつかんで振りかぶる。体の向きを変え、相手の手首とひじ関節を折りたたむように振り下ろし、投げる。

合気道の技には、大きく分けて「固め技」と「投げ技」がありますが、どの技も多種多様。しかも、お互いの態勢の変化によって位置も動きも変化するので、技の数は数え切れないといわれます。

コラム　合気とは？

　合気道の創始者・植芝盛平は、「気に合する（が）ということで、天地の気、わかりやすくいえば自然の姿と1つになることである」と語っています。合気道の動きが自然に逆らわない円を中心としたものであるのは、そのため。ちなみに、植芝の弟子・塩田剛三が開いた養神館道場では、「相手と『気』を合わせることから『合気道』と呼ばれる」としています。

技と心を磨いて的と対峙する
弓道(きゅうどう)

　旧石器時代から狩猟に使われていたとされる弓矢。中国から「射礼(じゃらい)」が伝わると、天皇の前で順に弓を射る儀式は宮中の年中行事となりました。

　武士の実戦技術として弓術が尊重され、発展したのは鎌倉時代。室町期には小笠原貞宗(おがさわらさだむね)らが弓法を集大成して、小笠原流を確立。近世弓術の祖といわれる日置弾正正次(へきだんじょうまさつぐ)が日置流の弓術を確立し、多くの流派が生まれました。

　鉄砲が伝来すると、弓術は武士の心身鍛錬の具へと変身。明治以降は学校教育の場に採用され、大正7(1918)年から弓道と呼ぶようになりました。

　弓道は、対する相手が「人」ではなく「的」であるというのが、他の武道と異なるところ。当たるか外すかは自分次第なので、弓道では心の鍛錬が不可欠とされています。

歴史

第6章 武道

縄文
福井県・鳥浜貝塚で出土した長さ120cm、太さ2cmの丸木弓は、約6000年前、縄文前期のものと考えられている。

奈良〜平安
大陸との交流が活発に。日本の弓は中国の射礼思想（礼法にのっとって射を行うこと）から大きな影響を受け、朝廷の行事にも弓を射る儀式が導入される（射礼の儀）。

武士の修練として弓が重視され、犬追物、笠懸、流鏑馬などが行われた。

鎌倉
文治3（1187）年、鶴岡八幡宮放生会に際して、源頼朝が流鏑馬を奉納した。

鶴岡八幡宮では現在も9月に流鏑馬神事が行われている。
（写真提供／鶴岡八幡宮）

室町
後醍醐天皇の時代、小笠原貞宗、常興が武家の弓法をまとめ、弓馬術礼法を中心とした小笠原流を確立。小笠原家は江戸時代まで将軍家の師範を務める。一方、日置弾正正次は日置流を確立し、実利的な日置流の射法はさまざまな流派に引き継がれていく。

安土桃山
鉄砲の伝来によって、武器としての弓の重要性が低下する。

江戸
「京都三十三間堂の通し矢」が江戸前期に盛んに行われ、各藩の名手が競った。しかし、末期になると、弓術は幕府の講武所の教科から外され、一度は廃れかける。

大正
学校教育の場で「弓道」が採用され、精神修養の科目として復活。

射法八節

弓を射るときの基本ルールを8段階に分けて説明したもの。一連の動作が流れるように一貫して正確に行えるようになると、的中率が高くなるといわれています。

一節　足踏み

約60度の角度に足を開き、両足の親指と的の中心が一直線上になるように構える。

二節　胴づくり

背筋を伸ばして弓を左ひざに置き、右手を腰に当てる。

三節　弓構え

右手を弦にかけ、左手の握り方を整えてから的を見る。

四節　打起し

両拳を同じ高さに上げ、弓を持ち上げる。

五節　引分け

弓を的の方向に押し出し、矢の長さが半々になるところまで矢を引く。

六節　会

矢は頬に、弦は胸につけ、発射の機が熟すのを待つ。

七節　離れ	八節　残心（残身）

胸郭を広く開いて矢を放つ。機が熟して矢が自然に離れるのが理想。	矢を放った後も気力のこもった姿勢をしばらく保つ。

弓道の言葉

正射必中（せいしゃひっちゅう）	正しい射法で射れば、矢は必ず的に命中する。正しい射法を目指し、日々練習することが大事。
真善美	弓道の最高目標とされる。「真」は正しい射法を目指す姿勢。「善」は自分の心と向き合い、平常心を保つこと。「美」は「真」と「善」が一体となったときに現れる理想的な姿。
千射万箭（せんしゃばんせん）	「千射万箭悉皆新（せんしゃばんせんことごとくみなあらた）」。千本万本の矢を射るときでも、今射る矢をおろそかにしてはいけない。
三位一体	三位とは「身（体）・心（精神）・弓」のこと。弓道ではこれらが合一して一体となる境地を追求する。

お神輿(みこし)

コラム

　古来、日本には八百万(やおよろず)の神がいると信じられ、神がいる神聖な場所に神社が建てられました。

　神社では、毎年決まった日に神を迎え、お供えや神楽(かぐら)などでもてなします。春には豊作を祈り、秋には実りに感謝し、悪疫や災害がないように願って神に奉仕する儀式のことを、日本では「祭り」と呼びました。

　祭りに欠かせないのが「お神輿(みこし)」。屋根の上には金色に輝く鳳凰(ほうおう)などが置かれ、彫刻や飾りひもなど装飾も豪華絢爛(ごうかけんらん)な神輿は、山車(だし)と並んで祭りの主役といえます。

　ちなみに最古の神輿があるのは、和歌山県の鞆淵八幡神社(ともぶちはちまんじんじゃ)。安貞2（1228）年に石清水八幡宮(いわしみずはちまんぐう)から贈られたものです。

　神が神社から町内へと移動し、家々に神徳を与えて回る「渡御(とぎょ)」で祭りは最高潮を迎えます。渡御の際の神の乗り物が神輿。町内の人々に担がれて、神は町内を練り歩くのです。

第7章 住まいと道具

伝統的な日本家屋 3つの特徴

　安土桃山時代、日本にやってきた宣教師ルイス・フロイスは、「日本の家は木、竹、藁および泥でできている。仕切りは紙の戸である」(『ヨーロッパ文化と日本文化』)と書いています。石と石灰、レンガの家に住むヨーロッパ人にとって、簡素な素材で作られた日本の家は驚きだったようです。

　日本の家屋には、これ以外にも他の国々の住居とは異なる特徴があります。では、その代表的なポイントを見ていきましょう。

　1つ目は、自由度の高い空間設計。平安時代の貴族の屋敷の見取り図には、壁や間仕切りなどがほとんどありません。座ったり寝たりするときは、板敷きの上に敷物を敷き、屏風や衝立を立てて仕切ったそうです。

　部屋全体に畳を敷き詰めるようになると、上部に鴨居、床に敷居が作られ、間仕切りとしてのふすまや障子が現れます。ただ、ドアとは異なり、ふすまや障子は簡単に取り外せるので、開け放てば屋内に広い空間を作ることができました。

　また、かつての日本では室内に家具を置く習慣があ

部屋ごとの仕切りが固定されていないのは日本家屋の大きな特徴。ふすまを動かすことで、部屋の広さを変えられる。

日本家屋(民家)のつくり

のき・ひさし

外壁から突き出た屋根の延長部分をのき、窓や出入口の上にある屋根状の覆いをひさしという。雨や日差し、とくに夏の強い直射日光を防ぐ。

屋根

家の上部で雨や雪、日光をさえぎる。材料はワラやカヤなどの草、板、瓦(かわら)など。瓦は主に寺院や城などで使われていたが、火事の多かった江戸では防火対策として推奨された。

障子

座敷と縁側の間を仕切る引き戸。格子に組んだ細い木の片面に白い和紙が貼ってあり、紙を通して外の光が入ってくるので、閉めても室内を明るくすることができる。

舞岡公園・旧金子家住宅母屋(横浜市)

土壁

竹や木で組んだ枠に、わらなどを混ぜてドロドロにした土を塗って固めた壁。上塗りの土によって、さまざまな種類がある。調湿作用と蓄熱作用があり、夏は涼しく冬は暖かい。

雨戸

雨風や寒さを防ぐための木製の戸で、安土桃山時代に考案された。柱の外側に溝を作ってはめ込んだもので、使わないときは戸袋にしまう。家の中から戸締まりができるので防犯にも。

縁側(えんがわ)

家の外側のへりに設けられた板敷きの部分。雨戸の外にあるものは濡縁(ぬれえん)という。廊下としての役割に加え、家の中と外の中間地帯に当たることから、接客空間や出入口としても用いられる。

縁側は屋内と屋外の中間ともいうべき空間。家の中と外(自然)を緩やかにつなぐ。

りませんでした。座卓や布団など、持ち運びできるさまざまな道具を出し入れすることで、1つの部屋が書斎としても、居間としても、寝室としても使えたのです。

台所や床の間のある座敷など用途が明確な場所もありますが、基本的に日本家屋の間取りは極めてフレキシブルだったといえるでしょう。

2つ目は、自然との一体感が感じられること。日本の伝統的な家屋では、座敷の外側に縁側がめぐらされています。縁側には日が差し込み、風が吹き抜けます。ときには、庭の草木の香りが漂ってくることも。縁側は、家の中にいながら、外の自然をダイレクトに感じられる空間なのです。

障子の一部から外の景色が眺められる「額入り障子」。これも室内に自然を取り込む工夫。

日本庭園の中には、家の中から見ることを前提に作られたものも多くあります。縁側の障子を開け、座敷に座って鑑賞する庭園です。閉めたままでも外が眺められる、新しいタイプの障子

が生まれたのは明治時代。ガラスが量産されるようになり、障子の一部にガラスを使った「額入り障子」や、開閉できる障子をガラスの内側に組み込んだ「猫間障子」などが考案されました。「雪見障子」は、暖かい室内から雪景色が眺められるものです。

3つ目の特徴は"境界"のあいまいさ。内と外を明確に隔てようとしないのが、日本家屋の特徴です。家の中にいながらにして自然が感じられる縁側は、内と外をつなぐ中間地帯であるともいえます。屋内でもあるし、屋外でもある。「どちらでもある」という状態を、日本人はあえて作ってきたのです。

境界のあいまいさという点では、光と影にも同様のことがいえるでしょう。座敷と縁側の間の障子は、和紙を通して外光をやさしく室内に迎え入れます。谷崎潤一郎が『陰翳礼讃』で言及した、繊細な明るさ。障子という日本独自の建具が、室内に光と影の中間地帯を生み出すのです。

強い光をさえぎるのきやひさしも、光と影、明と暗をはっきり分けることを好まない日本人による工夫といえるでしょう。

日本独特のあいまいな空間は、自然と対決するのではなく、共存していこうとする姿勢を表しているのです。

第7章 住まいと道具

障子に映し出される木々の影も美を演出する。

ひさしや障子によって、強い日差しも穏やかな光に変わる。

住空間の優れた知恵
畳・ふすま・障子

畳は、ワラを縫い合わせた畳床の上に、イグサで編んだ畳表を縫い付けたもの。通気性があり、汗を吸い取ってくれるので、高温多湿の日本の夏に適しています。また、板敷きに比べると保温性もあり、冬用の床材としても優れています。

『万葉集』の時代には、ゴザやむしろなどの敷物すべてが「畳」と呼ばれていました。今のような畳が生まれたのは平安時代。板床の上に置いて、座るときにも寝るときにも使われていたようです。また、厚さや大きさ、縁の色などが階級によって厳密に区別されていました。

部屋全体に敷き詰めるようになったのは、室町時代から。サイズは191×95.5cm（京間）に統一されていました。一方、江戸間は176×88cm。人口が急増した江戸では、狭い土地に多くの家を建てる必要があったので小ぶりになったようです。

日本家屋では、現在も4畳半、6畳など、敷き詰めた枚数が部屋の大きさを示す基準となっています。

畳

畳は室内の湿気を調節する機能を持っている。右は畳表の原料となるイグサ。

ふすま
部屋と部屋を仕切るための建具。空間の雰囲気や目的によって、異なるふすま紙が使われる。

障子
格子状に組まれた木枠に和紙を貼ったもの。和紙が光を通すため、採光に優れている。

　「障子」は元々、折りたたんで持ち運べる屏風や衝立、ふすまから戸まで、間仕切りの総称でした。

　屋内を小部屋に仕切るために使われた障子が、ふすま障子。木の骨組みの両面に貼った厚紙や布にはさまざまな絵が描かれ、室内を彩る豪華な装飾品としての役割も果たしました。

　一方、木の枠を格子状に組み、その片側にだけ白い和紙を貼った障子が「明かり障子」。閉めても白い紙が光を通すので、外部との仕切りに使われました。中世以降、広く使われるようになり、障子といえば明かり障子を指すようになります。

　ふすまや障子は、取り外すことによって外の風を取り込めるので、日本の夏に適しています。また、和紙は保温性に優れているので、冬の寒さ対策としても効果的。紙（布）と木でできているため、調湿作用もあります。四季のある日本ならではの建具なのです。

風呂敷
<small>ふ ろ しき</small>

　物を包むための布のことを、平安時代には「平包み」と呼んでいました。銭湯は鎌倉時代に誕生したといわれますが、当時は蒸し風呂で、裸ではなく入浴用のふんどしや腰巻を身につけて入浴することになっていました。入浴用品を麻や絹の布に包んで持っていき、風呂上がりにはその布の上で身なりを整えたりしたことから、風呂敷の名が生まれたといわれています。

　風呂敷の名は、江戸前期の元禄時代、銭湯が広まるにつれて定着していきました。江戸中期から木綿栽培が盛んになると、木綿製の風呂敷が誕生。風呂以外の用途が増え、物を包むだけでなく、手に提げたり、背負ったり、頭にかぶることも。屋号などを染め抜いた風呂敷は商人に欠かせないものでした。

　どんな形のものでも包める柔軟さが風呂敷の特徴でしょう。大きさはさまざまですが、折りたためて軽いことから、最近ではエコバッグとしても人気です。

手ぬぐい

　「手ぬぐい」とは「太乃己比（た＝手、のごひ＝ぬぐう）」という古語からきた言葉で、平安時代は巾・手巾と呼ばれました。

　古くは麻の布で高貴な人しか使えませんでしたが、江戸時代半ばに木綿栽培が盛んになると、木綿製の手ぬぐいが庶民の間に一気に広まりました。

　元々は真っ白な晒し木綿だけだったのが、藍染などで柄を染めるようになると、家紋や屋号を入れた手ぬぐいが作られ、季節のあいさつや祝儀として配る風習が生まれました。

　好みの絵柄で染めさせることも流行し、江戸時代の人気歌舞伎役者が考案したデザインは伝統柄として今も残っています。

　手ぬぐいの端が切りっぱなしなのは、清潔さを保つために乾きやすくしたことから。銭湯で使うのはもちろん、かぶりものや鉢巻としても使われ、江戸っ子はさまざまなかぶり方、巻き方を工夫しておしゃれを競いました。

扇子
せんす

　あおいで風を起こすための道具で、扇とも呼ばれます。中国伝来のうちわとは異なり、折りたためる扇子は日本で考案されたもの。奈良時代に木製の檜扇が生まれ、平安時代初めには中国や朝鮮の宮廷に紙や絹を貼った扇子が献上されました。

　平安時代半ばからは貴族の装束の1つになり、歌を書いてやりとりするなど、個性を表す装身具としても使われました。

　当初、扇子の紙は表だけでしたが、中国の明の時代に、裏にも紙を貼った扇子が考案され、室町時代に逆輸入されました。市中には扇屋や行商人も現れ、扇子は庶民の間にも広まりました。さらに盛んになったのが江戸時代。あらゆる流派の絵師たちが、こぞって扇子の絵を手がけたそうです。

　扇子は風を起こすことから、悪霊を祓う力があると考えられました。末広がりの形も縁起がいいとされ、季節のあいさつや行事の記念品として配る慣習は、現在も残っています。

こたつ

　室町時代、いろりの上に置いた低い台に足を乗せ、その上から着物をかぶせて温まったのが、こたつのルーツとされています。

　江戸時代になると、木を高く組み上げたやぐらの上に布団をかけるやぐらごたつが登場。いろりの床を掘り下げて腰かけ式にした掘りごたつも現れました。

　どこにでも持ち運べる置きごたつが生まれたのは、江戸の半ば頃。やぐらに底板をつけて火入れを乗せ、布団をかぶせるという簡易的なものでした。土や瓦でできた火入れには、炭や炭団を入れていたようです。

　複数の人が同時に温まれるのが、こたつのいいところ。こたつで仲良くくつろぐ姿は浮世絵にも描かれています。

　電気製のこたつが普及すると、天板を置いて食卓としても使われるようになりました。

座布団
     ざ ぶ とん

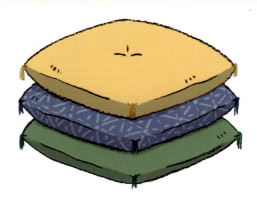

　古くは、ゴザやむしろなどの敷物は、すべて「畳」と呼ばれていました。その後、平安時代になり、ワラの畳床にイグサの畳表をつけた、いわゆる"畳"が誕生すると、その上に敷くものは寝具も座具も「しとね」と呼ばれるようになります。

　一方、寺などで使われていた座具が「蒲団」。ガマの葉などで編んだ円座ですが、寝具の名前として使われるようになると、座るための「しとね」が座布団へと変化していったようです。

　しとねは貴重品で、貴人しか使えませんでしたが、江戸時代半ば以降に木綿栽培が盛んになると、木綿地に木綿綿を入れた座布団が登場、庶民にも広まっていきました。

　「八端判（59×63cm）」などさまざまなサイズがありますが、いずれも幅より奥行きの方が4cmほど長いのは、正座に具合がいいからです。また、座布団の正面は縫い目のない側。ひざの前に正面が来るのが正しい置き方です。

提灯(ちょうちん)

　提灯は、日本で独自に発達した、持ち運びができる照明器具。竹ひごに和紙を貼った火袋の中に、ろうそくを立てて使います。

　元々は中国から伝わったもので、室町時代には竹かごに紙を貼った「かご提灯」が使われていました。

　折りたためるようになったのは、16世紀末期の天正の頃。螺旋(せん)状に巻いた竹ひごに紙を貼ることで、上下にたためるようになりました。

　棒の先に吊るして持ち歩けば、足元を照らせますし、使わないときには折りたたむことができる。また、軽くて便利ということもあって、江戸時代には大ブームに。各地でさまざまな形や大きさのものが作られるようになりました。

　有名なものでは、小田原提灯があります。細長い円筒形で、たたむと上の口部分と底部分が重なって小さくなるので、携帯用として重宝されました。

おわりに

　日本人に「日本文化とは？」と尋ねれば、百人百様の答えが返ってくるのではないでしょうか。起源や歴史に関しては諸説ありますし、お稽古事や武道などは、流派によって用語も異なります。年中行事は、同じ県内でも地域ごとに全然違った形で行われていることもあります。この本で紹介したのは、ごく一部にすぎません。

　日本文化は、縄文時代の昔から、中国大陸や朝鮮半島などの優れた文化を取り入れることによって発展してきました。伝来したものにさまざまな工夫を加え、長い年月をかけて「独自」の日本文化を生み出していったわけです。

　近年、日本史の研究が進み、昔から定説とされてきたものがくつがえされることも増えています。この本では、できる限り最新情報を取り入れるよう努めましたが、今後、さらに新しい展開があれば、修正していきたいと思っています。

　ビジュアル化にあたっては、イラストレーターの小川かりんさんに大変お世話になりました。素敵なイラストのおかげで、わかりやすく楽しい本にすることができました。

　最後に、企画段階から多大なお力添えをいただいた編集者の木田秀和さんに、心よりお礼を申し上げます。

2019年6月　山本素子

参考文献

【第1章】
『ニッポンの伝統芸能―能・狂言・歌舞伎・文楽―』 檜書店
『歌舞伎おもしろ百科』 水落潔／著 毎日新聞社
『ぴあ歌舞伎ワンダーランド』 松井今朝子／監修 石井伊都子・岩井志津／編 ぴあ
『歌舞伎がわかる本』 双葉社
『図解雑学 よくわかる歌舞伎』 石橋健一郎／編著 ナツメ社
『大江戸歌舞伎はこんなもの』 橋本治／著 筑摩書房
『物語で学ぶ 日本の伝統芸能3 歌舞伎』 原道生／監修 くもん出版
『能入門 鑑賞の誘い』 増田正造／監修 淡交社
『狂言の大研究―"笑い"の古典芸能 舞台・装束から名曲の見どころまで―』 茂山千五郎／監修 PHP研究所
『日本の伝統芸能を楽しむ〔2〕能・狂言』 中村雅之／著 偕成社
『能楽大事典』 小林責・西哲生・羽田昶／著 筑摩書房
『文楽の世界』 権藤芳一／著 講談社
『文楽のすゝめ』 竹本織太夫／監修 実業之日本社
『雅楽（別冊太陽）』 平凡社
『雅楽を知る事典』 遠藤徹／著 東京堂出版
『図説雅楽入門事典』 芝祐靖／監修 遠藤徹・笹本武志・宮丸直子／著 柏書房
『ゼロからわかる！図解落語入門』 稲田和浩／著 世界文化社
『落語入門百科』 相羽秋夫／著 弘文出版

【第2章】
『日本美術図解事典―絵画・書・彫刻・陶磁・漆工―』 守屋正彦・田中義恭・伊藤嘉章・加藤寛／監修 東京美術
『ていねいに暮らしたい人の、「一生使える」器選び』 内木孝一／著 講談社
『知る！使う！作るうるしの器―あなたにもできる漆器作り―』 季刊『炎芸術』編集部／編 阿部出版
『日本の伝統染織事典』 中江克己／著 東京堂出版
『WASHI 紙のみぞ知る用と美』 浅野昌平・増田勝彦／監修 LIXIL出版

【第3章】
『角川茶道大事典』 林屋辰三郎ほか／編集 角川書店
『茶道ハンドブック―茶道のすべてがわかる小事典―新版』 田中仙翁／著 三省堂
『NHK趣味悠々 茶の湯 茶道具ものがたり～表千家～』 千宗左／著 日本放送出版協会
『いけばな―その歴史と芸術―』 伊藤敏子／著 教育社
『香道への招待』 北小路功光・北小路成子／著 淡交社
『香と香道 第5版』 香道文化研究会／編 雄山閣
『邦楽入門―1冊でわかるポケット教養シリーズ―』 西川浩平／著 ヤマハミュージックメディア
『石倉昇の囲碁入門―囲碁の世界へようこそ―』 石倉昇／著 日本棋院
『将棋の歴史』 増川宏一／著 平凡社

【第4章】
『知識ゼロからの日本絵画入門』 安河内眞美／著 幻冬舎
『やまと絵―日本絵画の原点―（別冊太陽）』 村重寧／監修 平凡社
『浮世絵の歴史―美人絵・役者絵の世界』 山口桂三郎／著 講談社
『知識ゼロからの浮世絵入門』 稲垣進一／監修 幻冬舎
『はじめての浮世絵―世界にほこる日本の伝統文化―1』 深光富士男／著 河出書房新社
『日本の仏像―写真・図解 この一冊ですべてがわかる！―』 薬師寺君子／著 西東社
『すぐわかる図説日本の仏像』 宮元健次／著 東京美術
『日本庭園―空間の美の歴史―』 小野健吉／著 岩波書店
『岩波日本庭園辞典』 小野健吉／著 岩波書店
『すぐわかる日本庭園の見かた』 尼崎博正／監修 仲隆裕・今江秀史・町田香／著 東京美術
『日本書道史―決定版―』 名児耶明 監修 芸術新聞社

【第5章】
『しきたりの日本文化』 神崎宣武著 KADOKAWA／角川学芸出版
『ニッポンの縁起食―なぜ「赤飯」を炊くのか』 柳原一成・柳原紀子／著 日本放送出版協会
『日本のしきたり―開運の手引き』 武光誠／編著 講談社
『現代こよみ読み解き事典』 岡田芳朗・阿久根末忠／編著 柏書房
『全集 日本の食文化』 3,6,7,9,12巻 芳賀登・石川寛子／監修 雄山閣出版
『日本の行事を楽しむ12カ月 くらしの歳時記』 古川朋子 主婦の友

【第6章】
『Q&A日本の武道事典』1～3巻 ベースボール・マガジン社編 ベースボール・マガジン社
『相撲の歴史』 新田一郎／著 講談社
『ものと人間の文化史 179 相撲』 土屋喜敬／著 法政大学出版局
『ビジュアル大相撲図鑑―決定版―』 服部祐兒／監修 汐文社
『さあ、はじめよう！日本の武道』1,2 こどもくらぶ／編 日本相撲連盟／監修 岩崎書店
『柔道―その歴史と技法―』 藤堂良明／著 ベースボール・マガジン社
『はじめての空手道―危険に立ち向かう力が身につく。心支技体を鍛えて強くなる―』 全日本空手道連盟／監修 誠文堂新光社
『改訂 合気道独習教本』 植芝吉祥丸／著 植芝守央／監修 東京書店

『はじめての合気道―自分を守る力が身につく。心と体を鍛えて健康になる―』　千野進／監修　誠文堂新光社
『技を極める合気道』　植芝守央／著　ベースボール・マガジン社
『剣道を知る事典』　日本武道学会剣道専門分科会／編　東京堂出版
『図説 剣道事典』　中野八十二・坪井三郎／著　講談社
『はじめての弓道―美しい所作が身につく。心と体を鍛えて健やかにする』　松尾牧則／著　誠文堂新光社
『弓道―その歴史と技法―』　松尾牧則／著　ベースボール・マガジン社
『弓具の雑学事典』　日本武道学会・弓道専門分科会編／　森俊男ほか／著　スキージャーナル

【第7章】
『新訂　図説日本住宅史』　太田博太郎／著　彰国社
『日本住居史』　小沢朝江・水沼淑子／著　吉川弘文館
『和風建築の大研究―風土にあった生活　日本人の知恵と工夫―』　PHP研究所／編　PHP研究所
『室礼先人今人――住まいの文化誌』　ミサワホーム総合研究所出版制作室／編集　ミサワホーム総合研究所
『ヨーロッパ文化と日本文化』　ルイス・フロイス／著　岡田章雄／訳注　岩波書店
『陰翳礼讃』　谷崎潤一郎／著　角川書店
『近世風俗志―守貞漫稿―1〜5』　喜田川守貞／著　宇佐美英機／校訂　岩波書店
『古い道具と昔のくらし事典―住まいの道具と衣服―』　国立歴史民俗博物館・内田順子・関沢まゆみ監修　金の星社
『ふろしきと手ぬぐいの本―包んで、飾って、まとう布―』　京都和文化研究所むす美・ケイス監修　山海堂
『新版　昔のくらしの道具事典』　神野善治・小林克／監修　岩崎書店
『絵引　民具の事典　―イラストでわかる日本伝統の生活道具―』　岩井宏實／監修　工藤員功／編　河出書房新社
『子どもに伝えたい和の技術　5　あかり』　和の技術を知る会／著　文溪堂

【コラム】
『日本の食文化』　原田信男／編著　放送大学教育振興会
『すし・寿司・SUSHI』　森枝卓士／著　PHP研究所
『図説　着物の歴史』　橋本澄子／編　河出書房新社
『現代きもの講座』　長沼静／著　ブティック社
『盆栽・伝統園芸植物の鑑賞知識』　盆栽・伝統園芸植物の鑑賞知識製作委員会／編　誠文堂新光社
『創る・育てる・楽しむ　盆栽入門』　平尾成志／監修　コスミック出版
『折り紙』　小林一夫／著　国際おりがみ協会／監修　文溪堂
『花火の大図鑑―職人の技が光る　種類、作り方から歴史まで―』　日本煙火協会／監修　PHP研究所
『日本の花火はなぜ世界一なのか?』　泉谷玄作／著　講談社
『花火――火の芸術』　小勝郷右／著　岩波書店
『神輿大全』　宮本卯之助／監修　誠文堂新光社

参考サイト

- 文化デジタルライブラリー　http://www2.ntj.jac.go.jp/unesco/kabuki/jp/index.html
- 宝生会　http://www.hosho.or.jp
- 落語芸術協会　https://www.geikyo.com
- 漆夢工房　http://www.kiyo-sato.com
- 輪島塗の稲忠　http://www.inachu.jp
- 別府竹細工　https://www.beppu-take-kumiai.com
- 別府市の竹細工伝統産業館　http://www.city.beppu.oita.jp/06sisetu/takezaiku/takezaiku.html
- 阿波和紙　http://www.awagami.jp/index.html
- 美濃和紙の里会館　http://www.city.mino.gifu.jp/minogami
- 石原製紙　http://www.ishihara-seishi.co.jp
- 高知県手すき和紙協同組合　http://www.tosawashi.or.jp/
- 越前和紙　https://www.washi.jp/index.html
- 池坊　https://www.ikenobo.jp
- 未生流　http://misho-ryu.com
- 小原流　https://www.ohararyu.or.jp
- 草月流　http://www.sogetsu.or.jp
- 裏千家　http://www.urasenke.or.jp
- 表千家　https://www.omotesenke.jp
- 日本棋院　https://www.nihonkiin.or.jp
- 日本将棋連盟　https://www.shogi.or.jp
- 浮世絵ぎゃらりぃ　http://www.ukiyo-e.jp
- 相撲協会　http://www.sumo.or.jp/
- 講道館　http://kodokanjudoinstitute.org
- 沖縄劉衛流空手・古武道龍鳳会 羽地龍鳳館　http://www.haneji.sakura.ne.jp
- 日本空手協会　https://www.jka.or.jp
- 国際空手道尚武会　http://www.shoubukai.com
- 2020年東京オリンピック　https://tokyo2020.org/jp/games/sport/olympic/karate
- 全日本剣道連盟　https://www.kendo.or.jp
- 合気会　http://www.aikikai.or.jp/aikido/index.html
- 合気道養神館　https://www.yoshinkan.net
- 日本合気道協会　http://aikido-kyokai.com
- 全日本弓道連盟　https://www.kyudo.jp/howto

```
著
```

山本素子（やまもと・もとこ）

京都生まれ。立命館大学卒。
出版社、広告制作会社を経て独立。フリーランスのライター・編集者として数々の書籍・雑誌の制作に携わる。伝統文化全般から、政治・経済、メイク、料理まで多岐にわたる分野を手がける。近年は日本語教師としても活躍中。主な著書に『医師・登山家 今井通子』（理論社）、『現代陶芸作家20選』（毎日出版社、共著）、『日本の伝統文化（対訳ニッポン双書）』（IBCパブリッシング）など。

```
イラスト
```

小川かりん（おがわ・かりん）

岡山県出身。岡山を拠点に、イラストや漫画の制作を手掛けるフリーランスのイラストレーター。旅とごはんとキリンジが好き。著書に、コミックエッセイ『夜行バスで出かけましょう』（イースト・プレス）がある。
https://www.ogawacarin.com

SBビジュアル新書 0011

日本文化
ビジュアル解体新書
_{にほんぶんか かいたいしんしょ}

2019年6月15日　初版第1刷発行

著　者　山本 素子
_{やまもと　もとこ}

発行者　小川 淳
発行所　SBクリエイティブ株式会社
　　　　〒106-0032東京都港区六本木2-4-5
　　　　営業03(5549)1201

装　幀　bookwall
組　版　クニメディア株式会社
写真提供　PIXTA、フォトライブラリー、写真AC
編　集　木田 秀和
印刷・製本　株式会社シナノ パブリッシング プレス

乱丁・落丁本が万一ございましたら、小社営業部まで着払いにてご送付ください。送料小社負担にてお取り替えいたします。本書の内容の一部あるいは全部を無断で複写(コピー)することは、かたくお断りいたします。本書の内容に関するご質問等は、小社SBビジュアル新書編集部まで必ず書面にてご連絡いただきますようお願いいたします。

©Motoko Yamamoto 2019 Printed In Japan
ISBN978-4-7973-9862-5